कल्पना की रसोई

स्वाद के

रीना मित्तल

notionpress.com

INDIA • SINGAPORE • MALAYSIA

ISBN 979-8-89277-875-6

Contents

प्रस्तावना

हर घर के दिल में, जोशीली और आमंत्रित रसोई स्वादिष्ट अनुभवों और पोषित यादों के वादे के साथ आती है। "कल्पना रेसिपीज़" एक रमणीय पाक खजाना है, जो आपको भारत के स्वादों के विविध और जीवंत टेपेस्ट्री के माध्यम से एक यात्रा शुरू करने के लिए आमंत्रित करता है, जो सभी लेखक रीना मित्तल के प्यार भरे आलिंगन में लिपटे हुए है।

मिलिए रीना मित्तल से, जो एक समर्पित गृहिणी हैं, जिनका पाक जुनून इस अविश्वसनीय भारतीय व्यंजनों की पुस्तक के केंद्र में है। उनका सपना सरल लेकिन गहरा है - प्यार के साथ भारत के समृद्ध, प्रामाणिक और आत्म-संतोषजनक स्वादों को साझा करना। जैसा कि आप इस पुस्तक के पृष्ठों में उतरते हैं, आपको जल्दी से पता चलेगा कि यह सिर्फ व्यंजनों का संग्रह नहीं है; यह भारतीय व्यंजनों के सार का स्वाद लेने के लिए एक हार्दिक निमंत्रण है।

इन पन्नों के भीतर, रीना ने एक पाक यात्रा को उजागर किया है जो भारत की लंबाई और चौड़ाई में फैली हुई है। वह एक यात्रा पर आपकी मार्गदर्शक बन जाती हैं जो विभिन्न राज्यों की अनूठी विरासत का जश्न मनाती है, विविध और पारम्परिक व्यंजनों का खुलासा करती है जो उन्हें परिभाषित करती हैं। दक्षिण के उग्र मसालों से लेकर उत्तर के हार्दिक स्वादों तक, आप एक संवेदी साहसिक कार्य शुरू करेंगे जो भारत की पाक परंपराओं की आत्मा को पकड़ता है।

आधुनिक जीवन की हलचल से भरी दुनिया में, रीना एक अनमोल उपहार प्रदान करती है - सादगी। उनके व्यंजनों को हमारे व्यस्त कार्यक्रमों में मूल रूप से स्थापित करने के लिए डिज़ाइन किया गया है, यह सुनिश्चित करते हुए कि आप एक स्वादिष्ट और प्रामाणिक भारतीय भोजन बना सकते हैं, चाहे वह जल्दबाजी में सप्ताह का खाना हो या जश्न मनाने लायक विशेष

अवसर हो। प्रत्येक व्यंजन हर भोजन को एक अनुभव बनाने की उनकी प्रतिबद्धता का प्रमाण है, जहां मसालों की सुगंध और पैन की सिजलिंग भारतीय खाना पकाने के जादू के लिए आपकी इंद्रियों को जागृत करती है।

जैसे ही आप रीना के साथ, अपने विश्वसनीय गाइड के रूप में रसोई में कदम रखते हैं, आपको एक ऐसी दुनिया में ले जाया जाएगा जहां पाक कलात्मकता घर के पके हुए भोजन के आराम से मिलती है। "कल्पना की रेसिपीज़" सिर्फ एक कुकबुक नहीं है; यह एक मां का प्यार है, परंपरा का स्वाद है, और भारत के गैस्ट्रोनोमिक आनंद के दिल में एक यात्रा है। पृष्ठ के प्रत्येक मोड़ के साथ, आप समय-सम्मानित व्यंजनों के रहस्यों को उजागर करेंगे जो पीढ़ियों से पारित किए गए हैं।

इसलिए, स्वाद और सुगंध के एक अभियान पर जाने के लिए तैयार रहें, और सरल, प्रामाणिक और स्वादिष्ट भारतीय व्यंजनों की खुशी को अपने घर में भरने दें। चाहे आप एक अनुभवी रसोइया हों या रसोई में नए हों, रीना मित्तल की «कल्पना की रेसिपी» एक पाक यात्रा पर आपकी विश्वसनीय साथी होने का वादा करती है जो आपको और अधिक के लिये आकर्षित करेगी। भारतीय व्यंजनों के जादू का अनुभव करने के लिए तैयार हो जाएं और इस दिल को छू लेने वाले संग्रह से तैयार किए गए हर व्यंजन के साथ स्थायी यादें बनाएं।

खंड-1

अचार और चटनी

1.1. कमरख का हींग वाला अचार

सामग्री

- 1 किलो कमरख
- 100 ग्राम पिसी लाल मिर्च
- 1 छोटा चम्मच पिसी हींग
- 2 चम्मच चीनी
- 125 ग्राम नमक पिसा हुआ
- 1 जार (अचार भरने के लिए)

विधि

1. सबसे पहले कमरख को अच्छी तरह से पानी में धो लें।
2. इसके बाद इन्हें एक साफ कपड़े से पोछ लें और फिर एक प्लेट या किसी कपड़े पर एक घंटे के लिए धूप में सूखने केलिए रख दें।
3. एक घंटे बाद एक प्लास्टिक के टब में कमरख के छोटे-छोटे टुकड़े करके रख लें।
4. अब कटे हुए टुकड़ों में नमक, चीनी, हींग, पिसी लाल मिर्च डाल कर अच्छी तरह मिलाएं।
5. अब इस टब को कपड़े से ढक कर 12 घन्टे के लिए छोड़ दें |
6. अचार को कम से कम 12 घंटों में 4 बार सूखे चम्मच से चलाएं।
7. अब इस अचार को कांच या प्लास्टिक के जार में भर कर 8 दिन के लिए धूप में रखें।

8. हर दो दिन बाद इस को हिलाएं। चाहें तो अचार को फ्रिज में भी रख सकते हैं।

अब हो गया हमारा कमरख का हींग वाला अचार तैयार।

1.2. सिंघाड़े का अचार

सामग्री

* 1 किलो सिंघाड़े
* 125 ग्राम नमक
* 100 ग्राम पिसी लाल मिर्च
* 150 ग्राम पिसा धनिया
* 150 ग्राम पिसी सौंफ
* 200 ग्राम हल्दी पिसी हुई
* 50 ग्राम राई पिसी हुई
* 50 ग्राम पिसी हुई पीली सरसों

* 500 ग्राम सरसों का तेल
* 1 जार अचार को भरने के लिए

विधि

1. सबसे पहले सिंघाड़ों को अच्छी तरह धोलें।
2. इसके बाद सिंघाड़ों के दोनों कोनो के काँटों को काट लें।
3. अब सिंघाड़ों को चार टुकड़ों में काट लें।
4. कटे हुए टुकडों को कपड़े पर फैला लें और धूप में 2 घंटे के लिए सुखने के लिए रख दें।
5. अब एक पिलास्टिक का टब लेंगे कटे हुए सामान के हिसाब से, उसमें कटे हुए सिंघाड़ों को नमक और हल्दी डालकर अच्छी तरह मिलाएं।
6. इसे करीब आठ घंटे के लिए धूप में रखे। यदि शाम को मिलाया है तो रात भर मिला रहने दें।
7. अब उस नमक, हल्दी मिले सिंघाड़ों में बाकी सभी मसाले, तेल डाल दें और अच्छी तरह मिलाये।
8. अब हमारा अचार तैयार है, काँच के जार में भरने के लिए।
9. डिब्बे में आचार भरने के बाद उसको 20 दिन धूप लगानी है।
10. बीच-बीच में खोल कर देखते रहें। यदि तेल कम लगे तो और थोड़ा डाल सकते हैं, अचार तेल में डूबा रहना चाहिए।

एक जरुरी जानकारी: सिंघाड़े छोटे और कचिया लेने हैं पके न हों और उनको छीलना नहीं है, सिर्फ उनके दोनों तरफ से कांटे काटने हैं।

1.3. लीची का अचार

सामग्री

* 500 ग्राम लीची
* 200 ग्राम सरसों का तेल
* 150 ग्राम मोटा पिसा धनिया
* 150 ग्राम मोटी पिसी सौफ
* 75 ग्राम नमक पिसा हुआ
* 100 ग्राम पिसी हल्दी
* 100 ग्राम पिसी लाल मिर्च
* 50 ग्राम पिसी राई
* 50 ग्राम पिसी पीली सरसों
* 1 जार अचार भरने के लिए

विधि

1. सबसे पहले लीची को अच्छी तरह से धो लें।
2. अब लीची को 30 मिनट के लिये एक कपड़े पर धूप में सुखा लें।
3. इसके बाद लीची को छील कर एक भगोने में रख लें फिर ऊपर लिखे सभी मसाले और तेल को डाल लें और एक दिन के लिए अचार को ढक कर रख दें।
4. अगले दिन उस अचार को दुबारा कलछी से मिलाकर जार में भरकर रख दें। यदि तेल कम लगे तो और डाल सकते हैं। अचार तेल में डूबा रहना है।
5. अब लीची का अचार बन गया। इसको 10 दिन तक धूप में रखना है।
6. बीच-बीच में खोल कर देखना है।
7. अचार खाने के लिये तैयार है। यदि आप ये अचार 5-6 महीने रखना चाहते हैं तो इसमें मसाला मिलाते समय 1 कटोरी गंगा जल डाल सकते हैं।

1.4. कच्ची केरी के कोफ़्ते का अचार

सामग्री

* 10 कच्ची केरी
* 150 ग्राम बेसन
* 125 ग्राम नमक
* 200 ग्राम पिसी हल्दी
* 150 ग्राम थोड़ी मोटी पिसी लाल मिर्च
* 100 ग्राम धनिया पिसा हुआ
* 150 ग्राम सोंफ मोटी पिसी हुई
* दो चम्मच पिसी राई
* दो चम्मच कलौंजी
* 3 चम्मच मेंथी दाना
* आधा चम्मच लेवल करके पिसी हींग
* 500 ग्राम सरसों का तेल अचार में मिलाने के लिए
* यदि आप पसंद करें तो 15-20 साबुत लाल मिर्च डाल सकते हैं
* एक कटोरी गँगा जल भी डालना है
* 1 टब या भगोना अचार मिलाने के लिए
* एक जार अचार भरने के लिए

विधि

1. सबसे पहले कच्चे आम को धोना है। फिर उन्हें एक घंटे के लिए धूप में सुखाना है।
2. अब 4 आम को बिना छीले कद्दूकस करना है।
3. बाकी 6 आम को बिना छीले ही छोटा-छोटा काटना है।
4. कटे आम को फिर से एक घंटे के लिए धूप लगानी है।

5. अब कद्दूकस हुए आम को 10 मिनट के लिए 1 चम्मच नमक मिलाकर रखना है फिर इसे कस कर निचोडना है और पानी अलग रख लेना है। ये पानी बाद में काम में लेना है।
6. एक कढ़ाई में अब थोड़ा तेल डाल कर गरम होने रखना है। इतने में 1 परात में कद्दूकस हुए आम डालें और अपने स्वाद से थोड़ा-थोड़ा ही नमक, लाल मिर्च, 2 चुटकी हींग, 1 चम्मच पिसा धनिया और बेसन डाल कर सबको अच्छे से मिला लें।
7. अब पेस्ट के छोटे-छोटे कोफ्ते के बॉल बना कर एक थाली में रख लें।
8. कढ़ाई का तेल अगर गरम हो गया हो तो अब तैयार कच्चे आम के कोफ्ते लाल तल के निकाल के रख लें। ऐसे ही सारे कोफ्ते तल लें।
9. अचार बनाने केलिए एक टब में कटा हुआ आम, आम के कोफ्ते, ऊपर लिखे सारे मसाले और साबुत लाल मिर्च डाल कर फिर इसमें कद्दूकस हुए आम को निचोड़ा हुआ पानी डालें।
10. अब कढ़ाई में तेल को गरम कर के फिर ठंडा करके अचार में डालें और गंगा जल भी डाल दें।
11. इसके बाद अब सबको अच्छे से मिला कर टब को एक दिन केलिए ढक कर रख दें।
12. अब अचार तैयार हो गया है। इसको जार में भर दें। अचार को तेल में डूबा रखना है।
13. इस अचार को 10 दिन धूप में रखें।

1.5. खरबूजे का अचार

सामग्री

* 1 खरबूजा
* तीन चम्मच नमक
* 2 चम्मच लाल मिर्च पिसी हुई
* 5 चम्मच हल्दी
* 2 चम्मच पिसी राई
* 4 चम्मच पिसी सौफ
* 3 चम्मच पिसा धनिया
* सरसों का तेल इतना कि अचार पूरा डूब जाये।
* 1 कटोरी गंगा जल
* 1 टब अचार मिलने के लिये
* 1 जार अचार भरने के लिए

विधि

1. सबसे पहले खरबूजे को अच्छी तरह से धो कर रख लें।
2. अब उसे एक कपड़े पर एक घंटे के लिए धूप में सुखा लें।
3. इसके बाद खरबूजे के लम्बे-लम्बे फांक करने हैं और उसके बीज निकाल कर अलग रख लें। कुछ काम में ले सकते हैं।
4. अब खरबूजे के छोटे-छोटे टुकड़े करने हैं। खरबूजे को छीलना नहीं है।

5. इन टुकड़ो को एक टब में डाल कर ऊपर लिखे सभी मसाले डाल दें और इसे अच्छी तरह से मिला लें।

6. अब जार में अचार को भर लें। इस अचार को तेल में डूबा रखना है।

हमारा खरबूजे का अचार तैयार है। इसे सात दिन धूप में रख कर खाना शुरू कर सकते हैं। बीच में एक या दो बार खोल कर चेक कर लें।

1.6. खीरे का अचार

सामग्री

* 500 ग्राम खीरे पतले और हल्के हरे रंग के, देसी खीरे हों तो अच्छा है।
* नमक स्वाद अनुसार
* 1 चम्मच पिसी लाल मिर्च लेवल करके (मिर्च हल्की डालनी है)
* 2 चम्मच पिसी राई
* 1 चम्मच सरसों का तेल (सिर्फ खीरे को थोड़ा चिकना करने केलिए)
* 1 छोटा टब खीरा मिलाने के लिये
* 1 जार अचार भरने के लिए

विधि

1. सबसे पहले खीरों को अच्छी तरह से धो लें।
2. अब कपड़े से पोछ कर उनको ऊपर से थोड़ा काट कर खीरे का कड़वापन निकाल लें। खीरे को छीलना नहीं है।
3. अपनी पसंद के अनुसार किसी भी आकार में खीरे काटने हैं और टुकड़ो को एक घंटे के लिए धूप में सुखाना है।
4. अब एक टब में कटा खीरा डालना है और ऊपर लिखे सभी मसाले और तेल मिलाना है।
5. एक जार में अब अचार को भर दें और 2 दिन धूप में रख दें।
6. अब खाने के लिए तैयार है खीरे का अचार।
7. अचार को कभी-कभी हिलाते रहना है, जब अचार खाना आरम्भ करदें तो भी। इस खीरे के अचार को फ्रिज में रखें।

1.7. छुआरे, अदरक, और किशमिश का खट्टा, मीठा अचार

सामग्री

* 12 सूखे छुआरे
* 250 ग्राम अदरक
* 500 ग्राम नीबू रस के लिए
* 100 ग्राम किशमिश काली न हो
* 2 चम्मच पिसा नमक
* चीनी कटे सामान के हिसाब से
* हल्की लाल मिर्च पाउडर यदि पसंद हो वरना न डालें
* 1 कांच का जार अचार को धूप लगाने के लिए

विधि

1. सबसे पहले रात को छुआरे भिगोकर रख दें।
2. सुबह अच्छी तरह से इन्हें धो कर, बीच से काटकर बीज निकाल लें और छुआरे को लंबा लंबा काट लें।
3. अब अदरक को छील कर लंबा काट लें।
4. इसके बाद 30 मिनट के लिए किशमिश को पानी से धो कर भिगो लें। इन्हें अदरक और छुआरे काटने से पहले भिगोकर रख दें।
5. सभी नीबू को धो कर अच्छी तरह से कपड़े से पोंछ लें और थोड़ा सूखने पर उनका रस एक कांच के बर्तन में निकालें। रस भी कटे हुए सामान के बराबर नाप कर लेना है जिस कटोरी में कटा सामान दबा कर भरकर नापेंगे।
6. अब तीनो सामान को एक घंटा धूप लगा लें। यदि धूप कम है तो 2 घंटे पंखे के नीचे सुखा लें।

7. कटे हुए सामान को सुखाने से पहले एक बर्तन में भर कर थोड़ा दबा कर नाप लें। जितना कटा सामान है उतनी ही चीनी भर कर लेनी है और उतना ही नीबू का रस। नमक थोड़ा ही डालें, इतने में, 2 चम्मच लेवल करके। थोड़ी पिसी लाल मिर्च भी डालें।

8. इन सब को एक बड़े बर्तन में अच्छी तरह मिलाकर 3 घंटे के लिए ढक कर रख दें। अब इसमें नमक और चीनी, पानी छोड़ देगा।

9. इस सामान को एक कांच के बाउल में पलटें, जो इतना बड़ा हो कि हमारा अचार आ जाये और थोड़ा खाली रहे अचार को चलाने के लिए।

10. अब इसको 4 से 5 दिन धूप में रखें और इसको बारीक जाली से ढक दें। एक दिन में 3 बार इसको चलाना है।

11. लगभग 4 दिन में जब इसका मीठा पानी चिपकने लगे पर तार न आये तो ठंडा होने पर इसमें 2 बड़ी इलायची दरदरी करके छिलके सहित डालें।

12. अचार तैयार है और अब इसको कांच के जार में भरें।

एक जरुरी जानकारी: यह अचार धूप में ही बनाना है, क्योंकि इसमें नीबू का रस है, इसलिये गैस पर नहीं बना सकते हैं।

1.8. नारंगी का अचार

सामग्री

- 500 ग्राम नारंगी
- 100 ग्राम चीनी
- 100 ग्राम नमक
- 1 चम्मच थोड़ा भून कर दरदरी पिसी अजवाइन
- 1 चम्मच लेवल करके या आधा चम्मच पिसी हींग
- 3 चम्मच पिसी हुई लाल मिर्च पाउडर या 2 चम्मच पिसा गरम मसाला (जो आपको पसंद हो।)
- 1 चौड़ा बर्तन अचार मिलाने के लिये
- 1 जार अचार भरने के लिए

विधि

नारंगी बाजार में नहीं मिलती है। ये यदि घर पर पेड़ या पौधा हो तो उस पर। जब हल्की पीली नारंगी हो जाये तो इकट्ठा करके अचार डाल सकते हैं। यदि थोड़ी हो तो फ्रिज में रख कर इकट्ठा कर सकते हैं। नारंगी ज्यादा पकी ना हो।

1. सबसे पहले नारंगी को अच्छी तरह से धो लें और कपड़े से पोछ कर, एक घंटा धूप में सुखा लें।
2. अब नारंगी को लम्बा चार फांक में काट लें या नारंगी को कट लगा कर नीचे से थोड़ा जुड़ा हुआ छोड़ दें, जिससे भरवा अचार बना सकते हैं।
3. यदि नारंगी को भरना है तो ऊपर लिखा सारा मसाला एक कटोरे में मिलाकर कट लगे नारंगी में भरकर, नारंगी को दबा कर जार में भर दें। फिर जार को 2 महीने धूप में रख दें।
4. यदि अचार काटकर डालना है तो सभी नारंगी 4 फांक में काटकर एक चौड़े बर्तन में डाल लें और ऊपर लिखा सभी मसाला और चीनी डाल लें।
5. इसको अच्छी तरह से मिलाना है।

6. अब एक कांच के जार में भर कर 2 महीने के लिए धूप में रखना है। बीच-बीच में खोल कर हिलाना भी है।

हो गया हमारा नारंगी का अचार तैयार। नीबू का तो सभी बनाते हैं। ये स्पेशल है।

1.9. आंवले की मीठी चटनी

सामग्री

- 1 किलो आंवले
- नमक
- 3 पान के पत्ते
- 1 कांच का जार चटनी भरने के लिए
- चीनी
- बड़ी इलायची
- आधा गिलास गंगाजल

विधि

1. सबसे पहले आंवले धोकर कपड़े से पोछकर 1 घन्टा धूप लगाकर रख लें।
2. अब आंवले कद्दूकस कर के एक बड़े कटोरे में दबाकर भर लें। ऐसा बर्तन हो जो ऊपर तक भर जाये।
3. अब आंवले बड़ी कढ़ाई जो लोहे की न हो या भगोने में डालकर रख लें।
4. जिस कटोरे से कद्दूकस आंवले को नापा है उसी से चीनी भरकर नापें।
5. चीनी भी कद्दूकस आंवले वाली कढ़ाई में डालें।
6. इसी में अब 1 चम्मच भरकर नमक और आधा गिलास गंगाजल डालें और अच्छी तरह से मिलाकर 3 घंटे के लिए छोड़ दें।
7. कढ़ाई को गैस पर रख कर मीडियम आंच पर उबाल आने तक चलाएं। फिर गैस को थोड़ा हल्का कर के पकाएं। जब तक तार न बन जाये।
8. अब गैस बंद करके इसमें बड़ी इलायची छिलके सहित दरदरी करके और पान के पत्तो को बारीक काट कर डालें और मिक्स करें।

हो गयी आंवले की मीठी चटनी तैयार। इसको ठंडा होने पर कांच के जार में भर कर रख दें। यह चटनी बहुत ही स्वादिष्ट और सेहत के लिए फायदेमंद है।

1.10. प्याज, अदरक और हरी मिर्च का अचार

सामग्री

* 500 ग्राम प्याज
* 150 ग्राम अदरक
* 100 ग्राम हरी मिर्च।
* 100 ग्राम सोंफ मोटी वाली
* 2 चम्मच पिसी हल्दी
* 1 चम्मच कलौंजी
* 100 ग्राम या स्वाद के अनुसार नमक
* 2 चम्मच पिसी राई
* 5 चम्मच सरसों का तेल
* भरने के लिये एक जार

विधि

1. अचार बनाने के लिये सबसे पहले प्याज को छील कर लंबा काटें।
2. हरी मिर्च अपनी पसंद से लम्बी या गोल काटें और अदरक को छील कर लम्बा काटें।
3. अब कटे हुए सामान को गरम पानी में धो लें। इसके बाद इनको धूप में एक घंटे के लिए सुखा लें।
4. इसके बाद एक टब या भगोने में सूखा सामान डालें और ऊपर लिखे सभी मसाले। (मसाले पहले सूखी कढ़ाई में 20 सेकिंड के लिए धीमी आंच पर चला लें, फिर डालें।)
5. अब तेल को थोड़ा गरम करके मसाले के ऊपर डालें। तेल मसाले के ऊपर डालने से खुशबू अच्छी आयेगी।

6. अब सब अच्छी तरह से मिलाकर जार में भरें इसमें तेल कम ही रखना है। अचार ज्यादा चिकना नहीं लगना चाहिए।

हो गया अचार तैयार। इसको 2 दिन धूप में रख कर खाना शुरू कर सकते हैं। इस अचार को इस्तेमाल करते हुए भी कभी-कभी उछालना है या हिलाना भी बोल सकते हैं।

1.11. लाल मिर्च, हरे धनिये के साथ कमरख की चटनी

सामग्री

- 2 कमरख काट कर बीज निकाल कर
- 6 डंडी हरे धनिये के पत्ते
- 8 साबुत लाल मिर्च, सूखी या ताजी
- थोड़ी सी अदरक कटी हुई

मसाले

- नमक स्वाद के अनुसार
- एक चुटकी हींग
- आधा चम्मच साबुत जीरा
- 1 चुटकी अजवाइन हल्की भुनी और मसली हुई

विधि

1. कमरख की चटपटी चटनी बनाने के लिए सबसे पहले एक मिक्सी के जार में कटी हुई कमरख, अदरक, हरा धनिया, लाल मिर्च टुकड़े करके यदि सूखी मिर्च है तो थोड़ी देर पानी में भिगोकर, फिर निकाल कर काट कर डाल लें।
2. अब ऊपर लिखे सारे मसाले डालकर अच्छी तरह से बारीक पीस लें। पानी नहीं डालना है, कमरख भी पानी छोड़ती है।
3. यदि ज्यादा गाढ़ी नहीं रखनी है तो जार धोकर थोड़ा पानी डाल सकते हैं। वरना ये गाढ़ी ही अच्छी लगती है।

बन गयी हमारी कमरख की चटनी। इसे आप पंराठे, चावल, पूरी, रोटी, के साथ या पकौड़ों के साथ सर्व कर सकते हैं।

खंड-2

नाश्ते

2.1. जरा हटके स्पेशल वाले छोले भटूरे

भटूरे बनाने की सामग्री

* 500 ग्राम मैदा
* 50 ग्राम सूजी
* 2 मिडियम साइज के उबले आलू कद्दूकस किए हुए
* एक छोटा चम्मच नमक (लेवल करके)
* एक छोटा चम्मच खाने वाला सोडा
* एक चम्मच चीनी
* 2 चम्मच रिफाइंड तेल (भटूरे के आटे केलिए)
* 2 मिडियम कटोरी दही भर कर
* आधी कटोरी दूध
* घी तलने के लिए

छोले बनाने की सामग्री

* 500 ग्राम छोले
* 4 बड़े साइज के टमाटर कटे हुए
* थोड़ा अदरक, हरी मिर्च, हरा धनिया पत्ती बारीक कटा हुआ
* 2 छोटे चम्मच चाय की पत्ती या 5-6 टुकड़े सूखा आंवला
* 3 बड़े प्याज कटे हुए (यदि डालना चाहें)

मसाले

इस **छोले** की विधि में जो भी मसाले डालेंगे वो स्वाद के अनुसार होंगे।

* नमक स्वाद के अनुसार
* लाल मिर्च पाउडर
* धनिया पाउडर

* 2 छोटे चम्मच किचन किंग मसाला
* 1 छोटा चम्मच सांभर मसाला
* ½ छोटा चम्मच गरम मसाला
* 2 छोटे चम्मच पिसी खटाई
* थोड़ी सी हींग

चना मसाला नहीं डालना है

छोले बनाने की विधि

1. सबसे पहले छोले 8-10 घंटे केलिए भिगो दें और उन्हें अच्छी तरह धोकर उबाल लें (यदि रात को बनाने हों तो सुबह को भिगो लें और सुबह बनाने हों तो रात को भिगो लें।)
2. अब टमाटर और प्याज को पीस लें।
3. कुकर गैस पर गरम होने चढ़ाएं और उसमें 2 करछी घी डालें। यदि मसाला भुनने में कम लगे तो और आधा करछी डालें। अब जीरा और थोड़ी सी हींग डालें।
4. जीरा गरम होने पर पिसा हुआ प्याज टमाटर डालें और 2 मिनट तक हल्की आंच पर चलायें।
5. इसमें ऊपर लिखे सभी मसाले डालें। गरम मसाला भी डालना है। बस पिसी खटाई न डालें वो छोले बनने के बाद डालना है।
6. मसाले डालने के बाद कटा हुआ अदरक, हरी मिर्ची भी डालें।
7. अब हम सबको अच्छी तरह से भूनेंगे। जब तक घी ना छोड़ दे। जब मसाला भुनने लगे तो छोले कुकर में डाल दें और पानी अपने हिसाब से डालें, जितने गाढ़े छोले आप बनाना चाहते हैं। उससे 1 ग्लास ज्यादा डालना है। छोलों को करछी से दबा के फोड़ दें जिससे छोले गाढ़े हो जायें।
8. अब कुकर बन्द करके जब सीटी बज जाए तो कम आंच पर 4 सिटी लें और गैस बंद करदें। हो गए छोले तैयार।
9. अब कुकर खोलने पर खटाई डालदें और परोसने पर कटा हरा धनिया पत्ती डालें।

भटूरे बनाने की विधि

1. सबसे पहले मैदा और सूजी को एक परात में छान लें।
2. इसमें उबले आलू और ऊपर लिखी सभी सामग्री डाल के मिक्स करें।
3. अब ज़रूरत अनुसार पानी डाल कर मैदे को मलना शुरू करें। मैदे को खूब मसल कर मलना है। मैदे का आटा ऐसा मलना है जैसे गेहूँ का आटा रोटी या पराठे का करते हैं।
4. अब मैदे के आटे को थोड़ा तेल लगा कर एक भगोने में 1 से 2 घण्टे के लिये ढक कर रखदें। आटे को धूप में नहीं रखना हैं। आलू के कारण खराब हो सकता है।
5. आटा 1 घंटे में तैयार हो जाता है। आप 2 घंटे तक इस्तेमाल करके बचा फ्रिज में रखदें।
6. अब एक कढ़ाई में घी गरम हो जाने पर मैदे की छोटी या मीडियम गोल लोई बना कर हलके सूखे मैदे के सहारे से चकले पर बेलन से लंबा या गोल बेल कर कढ़ाई में तल लें।
7. ये भटूरे तेल से ठीक नहीं बनते हैं। इसलिए मैदे से ही बेलना होता है।

अब हमारे स्पेशल छोले भटूरे तैयार हैं। आप इनको कच्चे प्याज़ और हरी मिर्च (हल्के मसाले में भुनी हुई) के साथ सर्व करें।

2.2. हरी मटर के चटपटे कबाब

सामग्री

* 2 कटोरी हरी मटर के दाने
* थोड़ी कटी हुई हरी मिर्ची, और अदरक
* 1 कटोरी गेहूँ का आटा
* आधा कटोरी चावल का आटा
* 1 छोटा चम्मच इनो
* नमक स्वाद अनुसार
* काली मिर्च पिसी हुई
* 1 उबला हुआ आलू
* आधा कटोरी गाढ़ा दही

विधि

1. जब मटर उबल जाए तो उसे छलनी में छान लें और ठंडा होने पर मटर को मिक्सी में पीस लें और उसे एक बड़े कटोरे या भगोने में निकाल लें जिससे बाकी सब सामग्री मिलाने में आसानी हो।
2. अब बारीक कटी हुई अदरक और हरी मिर्च, पिसी हुई मटर में डालें।
3. इसके बाद उबला हुआ आलू कद्दूकस कर के डालें और मिलाएं। इसमें अब चावल का आटा डालें और दोबारा मिलाये। हर चीज़ को डालने के बाद इसलिये मिलाना है कि गांठ ना पड़े।
4. चावल का आटा मिलाने के बाद अब गेंहूँ का आटा डालें लेकिन आटा थोड़ा-थोड़ा डालें जो कि अच्छे से मिक्स हो जाये। अब आखिर में आधा कटोरी दही डालें और मिलाएं।
5. अब इसमें नमक, काली मिर्च, और ईनो डाल कर मिलायें। हरी मटर के कबाब का पेस्ट तैयार हो गया।
6. अब एक गहरा (करीब 2-3 इंच) नॉनस्टिक फ्राइपैन गरम होने केलिए गैस पर रख दें।
7. पैन पर थोड़ा घी या तेल लगाएं जिससे कबाब ठीक से सिक जायें।
8. अब एक करछी की मदद से (एक बार में एक ही करछी) पेस्ट फ्राइपैन पर डालें। ज्यादा चौड़ा नहीं, बस थोड़ा मोटा और गोल कबाब बनाना है (एक उंगली से मोटा रखना है।)
9. कबाब के चारों तरफ घी डालें और मीडियम आंच रखें। थोड़ी देर में पलटें और दूसरी तरफ से भी इस तरह से सेकें।

हो गया हमारा हरा मटर वाला कबाब तैयार! इसको हरी चटनी के साथ या चिली सौस के साथ सर्व करें। यह स्टार्टर चाय या किसी भी ड्रिंक के साथ अच्छा लगता है।

2.3. कैनेपी टोकरी में दही सोंठ की चाट और स्टफ़िंग के साथ - डीप फ्राई करके

सामग्री

* कैनेपी टोकरी जितनी आपको बनानी हों। (ये आपको बेकरी की दुकान पर मिल जाएंगी)
* 4 उबले आलू स्टफ़िंग बनाने के लिए
* 2 ब्रेड पीस
* 2 चम्मच सूजी
* थोड़ा कॉर्नफ्लोर पाउडर
* 15-20 मूंगफली के दाने थोड़ा दरदरा करके
* अदरक, हरी मिर्ची बारीक कटी हुई

मसाले

* नमक स्वाद के अनुसार
* लाल मिर्च पाउडर
* धनिया पाउडर
* गरम मसाला
* पिसी खटाई

विधि

इस कैनेपी टोकरी में उबली मोठ, राजमा या कोई भी नमकीन या मठरी, शकरपारे भर कर ऊपर से दही, सोंठ डाल कर हरे धनिये की पत्ती और अनार के दानों से सजा कर सर्व कर सकते हैं। ये हमारी पहली रेसिपी है।

1. सबसे पहले उबले हुए आलू छील कर कद्दूकस करने हैं।

2. इसके बाद कद्दूकस किए हुए आलू में ब्रेड पीस और सूजी डाल कर अच्छी तरह से मिलाना है और ऊपर लिखे सभी मसाले अपने स्वाद के अनुसार डालने हैं।
3. साथ ही इसमें धनिया पत्ती, अदरक, हरी मिर्च और मूंगफली डालनी है। सबको खूब अच्छे से मिलाना है।
4. एक कटोरी में 2 चम्मच कॉर्नफ्लोर पाउडर घोलें। (बहुत गाढ़ा न हो।)
5. अब आलू की स्टफ़िंग के अपनी टोकरी के हिसाब से गोले बना लें। एक-एक गोला टोकरी में रख कर हल्के से दबा दें, जिससे वो टोकरी में सही फिट हो जाये और टोकरी टूटे भी नहीं।
6. सारी टोकरी भरने के बाद, हर टोकरी की स्टफ़िंग के ऊपर घुला हुआ कॉर्नफ्लोर थोड़ा सा उंगली की सहायता से लगा दें। जिससे तलने में स्टफ़िंग बाहर ना गिरे। हो गई हमारी टोकरी तैयार!
7. अब एक कढ़ाई में घी या रिफाइंड डाल कर उसे गैस-स्टोव पर गरम होने रखें। गरम होने पर एक, एक टोकरी कढ़ाई में डालें। लेकिन ये याद रहे, टोकरी स्टफ़िंग की तरफ से घी में डालनी है। बार-बार न पलटें और बीच की आंच पर तलें।
8. एक बार में 4 ही तलें। थोड़ी देर बाद पलट कर टोकरी की तरफ से तलें। स्टफ़िंग की तरफ से लाल होने पर निकलना है।
9. टोकरी की तरफ से ज्यादा ना सेकें।

हो गयी हमारी स्टफ़िंग टोकरी तैयार। चाय के साथ इसको हरी चटनी, और मीठी चटनी के साथ सर्व करें।

2.4. आलू के चीज रोल स्टफ़िंग के साथ

सामग्री

- 6 आलू उबले हुए
- 4 ब्रेड पीस
- 2 चम्मच सूजी
- 2 छोटी टिक्की चीज की
- नमक स्वाद के अनुसार
- काली मिर्च पाउडर

रोल की स्टफ़िंग के लिए

- हरी मिर्च
- अदरक बारीक कटा हुआ
- हरा धनिया पत्ती कटा हुआ
- कुछ मूंगफली के दाने दरदरे करके
- थोड़ा सा चाट मसाला
- तलने के लिए रिफाइंड तेल या घी

विधि

1. सबसे पहले उबले आलू को कद्दूकस करके एक परात में रख लें।
2. ब्रेड पीस को पानी में थोड़ा गीला कर के कसके निचोड़ कर आलू में डालना है और चीज को कद्दूकस कर के डाल दें। अब इसी में सूजी, नमक, काली मिर्च भी डालें।
3. अब सारे आलू को अच्छे से मल कर उसकी रोटी या पराठे जितनी लोई बनाकर रख दें।

4. अब रोल की **स्टफ़िंग बनाएंगे** - इसके लिए काटा हुआ हरी मिर्च, अदरक, धनिया पत्ती और मूंगफली को एक कटोरे में डाल कर उसमें थोड़ा सा चाट मसाला डाल लें और मिला लें।

5. अब रोल बनायेंगे - इसके लिये जो आलू की लोई बनाकर रखी थी उनका इस्तेमाल करें।

6. हाथ में चिकनाई लगाकर लोई को थोड़ा सा दबा कर चौड़ा कर लें। इसमें आधा चम्मच मिक्स की हुई स्टफ़िंग को रख कर आलू की लोई को अच्छे से गोल एकसार करलें, कहीं से स्टफ़िंग बाहर ना निकले, नहीं तो तलने में दिक्कत हो सकती है।

7. आलू चीज रोल तैयार हो गए। अब इनको कढ़ाई में तेल गरम करके मीडियम आंच पर ब्राउन रंग के तलें।

इनको तलने के एक मिनट बाद चाकू की मदद से बीच से आधा काट कर यदि सर्व करें तो अंदर से देखने में अच्छा लगता है।

आलू चीज रोल को चटनी या सॉस के साथ सर्व करें।

2.5. चटपटी इडली स्टफिंग के साथ

सामग्री

* 2 कटोरी सूजी
* 1 कटोरी दही
* नमक स्वाद के अनुसार
* 1 चम्मच रिफाइंड तेल
* 1 पाउच ईनो

स्टफिंग के लिए

* 1 गाजर कद्दूकस की हुई
* थोड़ी पत्ता गोभी बारीक कटी हुई
* थोड़ी सी उबली हरी मटर
* 1 कच्चा आलू छील कर कद्दूकस किया हुआ
* अदरक, हरा धनिया पत्ती, हरी मिर्च बारीक कटी हुई

स्टफिंग में डालने के लिए मसाला

* चाट मसाला
* 2 चम्मच हरी चटनी

विधि

1. इडली बनाने के लिए सबसे पहले सूजी को एक भगोने में डाल कर उसे दही और पानी के साथ घोलकर रख लें।
2. अब इसमें थोड़ा सा नमक और तेल मिक्स करें। (घोल दाल की पकौड़ी जैसा रखना है।)

3. स्टफिंग के लिए ऊपर लिखी सारी सब्ज़ियां एक कटोरे में लेकर, उसमें ऊपर लिखे सारे मसाले और हरी चटनी को डाल कर मिक्स कर लें।
4. 30 मिनट बाद इडली कुकर में थोड़ा पानी डाल कर गैस पर गरम होने रख दें।
5. अब घोल में चौथाई चम्मच ईनो डाल कर मिक्स करें और इडली के स्टैंड में तेल लगा कर हर गोल आकार के खन में घोल को भरें।
6. घोल को पहले एक छोटी करछी डालें। अब 1 चम्मच स्टफिंग लेकर घोल के ऊपर डालकर फैलाएं फिर ऊपर से एक करछी घोल को डालकर फैलादें।
7. सारी इडली ऐसे ही भरनी है और इडली कुकर बन्द करके करीब 12 मिनट गैस पर स्टीम करेंगें। सारी इडली ऐसे ही बनानी है।
8. अब इडली बनने के बाद। एक कढ़ाई में थोड़ा तेल डाल कर राई और करी पत्ता डाल कर छौंक गरम होने पर इडली उसमें डाल कर 2 मिनट के लिए चलाएं।

हो गयी स्टफ़ इडली तैयार! इसको सॉस, नारियल की चटनी, या हरी चटनी के साथ सर्व करें। ये बहुत ही स्वादिष्ट लगती है।

2.6. ब्रेड का स्टफिंग क्रिस्पी पराठा

सामग्री

* ब्रेड के कुछ स्लाइस
* 2 चम्मच मैदा
* आलू स्टफिंग के लिए
* अदरक, हरा धनिया पत्ती, हरी मिर्च बारीक कटी हुई
* 1 प्याज कटा हुआ (चाहें तो ज्यादा डाल सकते हैं।)

मसाले

* नमक स्वाद के अनुसार
* लाल मिर्च पाउडर
* धनिया पाउडर
* आधा छोटा चम्मच जीरा
* 1 छोटा चम्मच पिसी खटाई
* 1 छोटा चम्मच किचन किंग मसाला
* आधा छोटा चम्मच गरम मसाला
* घी पराठा सेकने और स्टफिंग भुनने के लिए

विधि

पराठे बनाने के लिए

1. सबसे पहले ताजी ब्रेड के कुछ पीस लें और सभी स्लाइस के किनारे काट लें। (ब्रेड सेन्डविच वाली हो तो अच्छा है क्योंकि उसके स्लाइस बड़े होते हैं। तो अच्छा बनेगा।)
2. अब स्टफिंग तैयार करेंगें: स्टफिंग के लिए उबले आलू कद्दूकस कर के उसमें अदरक, हरा धनिया पत्ती, हरी मिर्च बारीक कटी हुई डालें।

3. अब कढ़ाई गरम हो जाने पर उसमें घी डालें और हींग, थोड़ा जीरा डाल दें। जीरा भुनने पर कटा हुआ प्याज डालें और उसको अच्छी तरह से भून लें।
4. इसके बाद सभी सूखे मसाले और आलू डाल कर मीडियम आंच पर अच्छे से भूनें।
5. जब सब भुन जाए तो गैस बन्द करदें।
6. अब ब्रेड पराठे बनाने शुरू करेंगें - इसके लिये जो किनारे कटी ब्रेड स्लाइस है, उनमें से एक स्लाइस लेकर चकले पर बेलन से हल्के से बेलेंगे। ऐसे ही एक स्लाइस और बेल लें। एक पराठे के लिए 2 स्लाइस चाहिये।
7. इसके बाद एक ब्रेड स्लाइस पर स्टफिंग डालें और चम्मच से थोड़ा गोल आकार दे दें।
8. घुले हुए मैदा को ब्रेड पीस के चारों तरफ थोड़ा सा लगाएं।
9. अब दूसरा पीस ऊपर से रख कर हल्के से दबाएं, जिससे दोनों पीस एक दूसरे से चिपक जाएं।
10. इसको घी के साथ तवे पर सादे पराठे की तरह सेक लें। बन गया हमारा स्टफिंग ब्रेड पराठा! यदि पराठे को कोई शेप देना चाहते हैं तो ब्रेड का दूसरा पीस चिपकने के बाद उसे किसी गोल आकार वाले ढक्कन से काटकर सेक लें। या कढ़ाई में तल लें तो पूरी बन जायेगी। चाहे तो ब्रेड को पहले ही गोल आकार में काट कर स्टफिंग कर लें।

पराठा दही, हरी चटनी के साथ सर्व करें और साथ में चाय भी। यह सर्दी में बहुत स्वादिष्ट लगता है।

2.7. खीरे का चटपटा क्रिस्पी स्टफ पराठा

सामग्री

* खीरा कद्दूकस करा हुआ
* आटा जितने पराठे बनाने हों
* 1 कटोरी बेसन
* घी

मसाले

* नमक स्वाद के अनुसार
* लाल मिर्च पाउडर
* धनिया पाउडर
* गरम मसाला
* थोड़ा किचन किंग मसाला
* हरी मिर्च, अदरक हरा धनिया पत्ती, बारीक कटा हुआ
* 2 चम्मच दही छान कर (बिल्कुल पानी ना रहे)

विधि

1. सबसे पहले आटा गूंथ कर रख लें। (आटे में बेसन और 2 चम्मच घी भी डालना है।)
2. इतने में आटा ठीक हो, खीरा कद्दूकस करके थोड़ा नमक लगा कर 10 मिनट के लिए रख देंगें। फिर खीरे को कस कर निचोड़ना है।
3. स्टफिंग बनाने के लिये कद्दूकस किए हुए खीरे में ऊपर लिखे सभी मसाले और दही डाल लेंगें और अच्छी तरह से मिक्स करके रख लेंगें।
4. अब पराठे बनाने के लिए आटे की लोई गोल, गोल बना लें।

5. एक लोई को लेकर सूखे आटे की मदद से थोड़ा सा बेल लें और उसमें खीरे की स्टफिंग एक चम्मच भर दें।
6. अब लोई को चारों तरफ से घूमा कर गोल करके बंद कर दें। अब सूखे आटे की मदद से धीरे-धीरे बेल लें।
7. तवे को गैस पर गरम करके थोड़ा घी लगा कर परांठा डालें और फिर सादे पराठों की तरह से घी लगाकर करारा सेक लें। लाल सिकने पर उतार लें।

हमारा स्टफ़िंग पराठाँ तैयार हो गया। अब इसको चाय, दही, चटनी या अचार से सर्व कर सकते हैं।

2.8. कुट्टू के आटे की दही की पकौड़ी व्रत के लिये

सामग्री

* 2 कटोरी कुट्टू का आटा
* सेंधा नमक
* काली मिर्च पाउडर
* भुना जीरा यदि चाहें तो लाल मिर्च पाउडर भी डाल सकते हैं।
* अदरक, हरी मिर्ची, हरा धनिया पत्ती, सब बारीक कटा हुआ (यदि ये सब पसंद नहीं है तो खाली आटे से पकौड़ी बना सकते हैं।)
* देसी घी तलने के लिए
* दही, पकौड़ी खाने के लिये, यदि हरी चटनी और मीठी चटनी भी पकौड़ी में डालना चाहते हैं तो सेंधा नमक की बना लें।

विधि

1. सबसे पहले हम कुट्टू के आटे को अच्छे से छान कर इस्तेमाल करेंगें।
2. कुट्टू के आटे को एक थोड़ा चौड़े भगोने में डालकर उसमें नमक, काली मिर्च पाउडर, डालें। यदि अदरक, हरी मिर्ची डालनी है तो डाल दें।
3. अब इसको पानी की मदद से हल्का सा धोल लें। जैसे मूंग दाल की पकौड़ी बनाते हैं। उतना गाढ़ा रखना है। अब इसे थोड़ी देर के लिए रख दें।
4. अब कढ़ाई में घी डाल कर गैस पर गरम होने के लिए रखें। घी गरम हो जाने पर। हाथ से या चम्मच से छोटी, या थोड़ी बड़ी जैसी पसंद हो पकौड़ी घी में डालें और उलट-पलट कर हल्की लाल रंग की बन जाने पर उतार लें।
5. अब इन पकौड़ियों को एक बर्तन में पानी भरकर और पानी में थोड़ा सेंधा नमक डाल कर उस पानी में 1 घंटे के लिए छोड़ दें और इसके बाद पकौड़ी को पानी से निचोड़ कर एक बर्तन में निकाल लें।

6. अब दही को बिलोकर तैयार कर लें और निचुडी हुई पकौड़ियों को दही में डाल कर रख दें, फिर प्लेट में लगा कर ऊपर लिखे मसाले, हरी चटनी, मीठी चटनी डाल कर सर्व करें। हरा धनिया पत्ती से सजा दें।

एक दूसरा तरीका ये है कि पकौड़ियों को पानी में ना भिगोये और हरी चटनी जो संधा नमक की बनी हो उससे भी खा सकते हैं और, औरों को भी सर्व कर सकते हैं। इन्हें चाय के साथ भी खा सकते हैं।

2.9. ब्रत के लिए सिंघाड़े के आटे की तली हुई नमकीन पंजीरी

सामग्री

* एक कटोरी सिंघाड़े का आटा
* 1 चम्मच देसी घी आटा भूनने के लिए
* 4 कटोरी पानी
* अदरक, हरी मिर्च, बारीक कटी हुई
* लाल मिर्च पाउडर या काली मिर्च पाउडर
* सेंधा नमक
* घी तलने के लिए
* आटा भूनने के लिए एक कढ़ाई
* पंजीरी जमाने के लिए एक बड़ी थाली

विधि

1. नमकीन पंजीरी बनाने के लिए सबसे पहले सिंघाड़े के आटे को अच्छी तरह से छान कर एक कढ़ाई में डाल कर गैस पर रख दें और उसमें एक चम्मच घी डाल कर बिल्कुल कम आंच पर थोड़ा सा भून लें। (ज्यादा लाल ना करें। वरना जले हुए का स्वाद आने लगेगा।)
2. थोड़ा गुलाबी होने पर गैस बंद कर दें। अब इसको ठंडा होने दें।
3. जब ये बिल्कुल ठंडा हो जाये तो एक भगोने में 4 कटोरी पानी लें नाप कर, क्योंकि एक कटोरी आटा है। नहीं तो पंजीरी नहीं जमेंगी।
4. अब उस पानी में ठंडा हुआ सिंघाड़े का आटा धीरे-धीरे डालते हुए करछी से मिक्स करते रहें। सारा आटा ऐसे ही मिक्स करना है, जिससे गाँठ ना पड़े और इसमें काटा गया अदरक, हरी मिर्च, धनिया पत्ती डाल दें।

5. अब इस घोल को दुबारा कढ़ाई में डाल कर मीडियम आंच पर जल्दी-जल्दी चलाते रहें। जब तक कढ़ाई में खूब लिपटा हुआ न हो जाये।
6. अब गैस बंद करके उसे जिस थाली में थोड़ा घी लगाया है उसमें आटे को पलट दें और हिला कर एक सार कर पंजीरी जमने दें।
7. थोड़ी देर में जमने पर चाकू की मदद से पीस काट कर रख लें। पीस अलग-अलग रखें, जिससे चिपकें ना।
8. अब एक कढ़ाई में घी गरम करके मीडियम आंच पर तल लें।

नमकीन पंजीरी तैयार हो गई है। इसे सेंधा नमक वाली हरी धनिया चटनी के साथ सर्व करें।

2.10. ब्रत के लिए सिंघाड़े की कचरी

सामग्री

* 500 ग्राम सिंघाड़े
* अदरक, हरी मिर्च बारीक कटा हुआ
* एक नीबू
* देसी घी
* छौंक के लिए जीरा
* एक चुटकी हींग (यदि खाते हों)
* नमक स्वाद के अनुसार
* लाल मिर्च पाउडर

विधि

1. सबसे पहले सिंघाड़े अच्छी तरह से धो लें। फिर उनको छील कर एक सिंघाड़े के 4 टुकड़े कर के उन्हें कुकर में 1 कटोरी पानी डाल कर उबाल लें।
2. यदि कच्चे हैं तो 3 सीटी लें और पके हुए सिंघाड़े हैं तो थोड़ा पानी ज्यादा डालें और सीटी भी ज्यादा, या पके सिघाड़े को पहले छिलके सहित उबाल लें।
3. अब एक कढ़ाई में 2 चम्मच घी, थोड़ा जीरा, गरम होने पर कुकर से सारे सिंघाड़े कढ़ाई में डाल दें।
4. अब सिघाड़े में काटा गया अदरक हरी मिर्च, नमक और लाल मिर्च पाउडर या काली मिर्च पाउडर डाल दें और इसको हल्की आंच पर थोड़ी देर भून लें।

बस हो गयी सिघाड़े की कचरी तैयार ब्रत के लिए। इसमें सर्व करते हुए ऊपर से नीबू और थोड़ा लंबा कटा हुआ अदरक और हरा धनिया पत्ती डाल दें। यदि बिना ब्रत के खानी है तो भूनते समय थोड़ा अमूल मक्खन डाल दें तो और अच्छा स्वाद आयेगा। हरी चटनी पसंद हो तो हल्की डाल सकते हैं।

2.11. मूंग दाल की इडली

सामग्री

- 2 कटोरी धुली मूंग दाल
- आधा चम्मच ईनो
- आधा नीबू
- करी पत्ता कटा हुआ
- थोड़ा नमक
- आधा चम्मच चीनी
- 2 हरी मिर्च कटी हुई
- 2 चम्मच तेल भूनने के लिये

विधि

1. सबसे पहले दाल को करीब 4 या 5 घंटे के लिए भिगो कर रख दें।
2. 4 या 5 घंटे बाद दाल को अच्छी तरह से धोकर मिक्सर में बारीक पीस लें।
3. अब दाल में नमक, चीनी और नीबू का रस डाल कर 10 मिनट तक रखना है।
4. इसके बाद इडली स्टैंड में थोड़ा तेल लगा कर रख लें और दाल में ईनो डाल कर मिक्स कर लें और एक करछी की मदद से इडली स्टैंड में भर दें।
5. अब इडली कुकर में करीब एक गिलास पानी डाल दें और उसमें इडली स्टैंड रख कर गैस पर मीडियम आंच पर करीब 12 मिनट इडली स्टीम करें।
6. मूंग दाल इडली तैयार है! अब इनको छौंक लगा कर भूनें।
7. गैस पर एक कढ़ाइ मे थोड़ा तेल या घी डालें। गरम होने पर एक चम्मच राई या काली सरसों डाल दें।
8. राई चटकने पर थोड़ा करी पत्ता और हरी मिर्च बारीक काट कर डाल दें।
9. अब इडली कढ़ाई में डाल दें। थोड़ा नमक और काली मिर्च पाउडर डालें और करीब 2 मिनट मीडियम आंच पर भून लें।

मूंग दाल इडली तैयार है। इसको हरे धनिये की चटनी के साथ सर्व करें। ये बहुत ही स्वादिष्ट लगेगी।

2.12. अंडे, ब्रेड और मिक्स वेज, पनीर पकौड़े

सामग्री

* 6 कच्चे अंडे
* 150 ग्राम पनीर
* 2 ब्रेड पीस (आपको जितने बनाने हों उतने लेंलें)
* 2 चम्मच सूज़ी बारीक वाली
* मिक्स सब्जी पकौड़ों के लिए
* साबुत हरी मिर्च
* रिफाइंड तेल तलने के लिए

मसाले

* नमक स्वाद के अनुसार
* लाल मिर्च पाउडर (दरदरा पिसा हुआ)
* काली मिर्च पाउडर
* 1 चम्मच चाट मसाला
* 1 चम्मच नींबू का रस
* अदरक, हरी मिर्च, हरा धनिया पत्ती बारीक कटा हुआ
* एक प्याज बारीक कटा हुआ
* यदि साबुत हरी मिर्च लेते हैं तो मोटी वाली लें और उसको बीच में से लंबा चीरा लगाकर थोड़ा सा चाट मसाला डालकर रख लें।
* चाहें तो थोड़ा सा उबला हुआ आलू मैश करके चाट मसाला मिलाकर भी मिर्च में भर सकते हैं।

इसी तरह से ब्रेड पीस को गोल शेप में काटलें या चौकोर भी काट सकते हैं, गोल ज्यादा अच्छे लगते हैं। इनपर घोल को या तो एक प्लेट पर रखकर ब्रश से लगायेंगे या पुरानी

ब्रेड हो तो अच्छा है, थोड़ा सख्त पीस घोल में भिगोकर डाल सकते हैं, टूटेगा नहीं। चाहे तो थोड़ा सा मसाला ब्रेड पीस पर छिड़क दें पकौड़े बनाने से पहले।

इसी तरह पनीर के टुकड़े करके उनको भी मसाला लगाकर 10 मिनट के लिए रख दें। फिर उन टुकड़ों को हल्के हाथों से दबाकर पानी निकाल लें।

विधि

1. सबसे पहले जिस सब्जी के पकौड़े बनाने हैं उसको अपने हिसाब से शेप में काटकर धो कर रख लें और हरी मिर्च भर कर तैयार कर लें। अब पनीर और ब्रेड पीस को जैसे ऊपर बताया है वैसे तैयार करना है। ज्यादा मोटा ना हो।
2. अब एक बड़े फैले बर्तन में अड़े फोड़ कर, उसका बीच का गीला घोल डाल लें। सभी अंडे ऐसे ही तोड़ लें, अंदर का पीला हिस्सा भी डालना है।
3. इस घोल में सूजी, सभी मसाले, और काटा गया अदरक, धनिया, मिर्ची डाल कर एक करछी से अच्छे से मिक्स करके 5 मिनट रख लेंगे, जिससे घोल तैयार हो जाये।
4. अब कढ़ाई में तेल गरम करने के लिए रख देंगें।
5. तेल गरम हो जाने पर जो हमारा अंडे का घोल तैयार हुआ रखा है, उसमें एक-एक पकौड़ा जो कच्चा कटा हुआ रखा है उसे भिगोकर कढ़ाई में तलने के लिए डालकर लाल रंग का होने तक तल लेंगें। सभी पकौड़े ऐसे ही तलने हैं।

हो गये अंडे के सभी तरह के पकौड़े तैयार। इन्हें चटनी या सॉस के साथ सर्व करें, शाम की चाय के साथ।

2.13. अंडे की चटपटी इडली

सामग्री

* 6 अंडे
* 2 चम्मच सूजी
* मिक्स कटी हुई सब्जी (जो डालनी हो। ज्यादा ना डालें।)
* मक्खन
* नमक
* काली मिर्च पाउडर
* थोड़ा सा पिसा हुआ धनिया पाउडर
* अदरक, हरी मिर्च, धनिया पत्ती बारीक कटा हुआ

यदि मिक्स सब्जी नहीं डालना चाहते हैं तो बस हरी मिर्च, अदरक और हरा धनिया पत्ती डाल दें।

विधि

1. पहले सब्जी को बारीक काट कर, धोकर छलनी में रख लें।
2. अब कटी सब्जी को किसी चौड़े बरतन में निकाल कर उसमें थोड़ा नमक, काली मिर्च पाउडर, पिसा धनिया पाउडर और सूजी को डालकर मिक्स कर के रख लें।
3. एक बड़े भगोने में इडली बनाने के लिए पानी गरम होने के लिए रख दें। यदि इडली स्टैंड का कुकर है तो उसी में रखना है।
4. अब इडली स्टैंड में थोड़ा-थोड़ा मक्खन ब्रश से लगाएंगे। मक्खन को थोड़ा मुलायम कर लेंगे जिससे ठीक से लग जाये।
5. सभी अंडों को एक बर्तन में फोड़ लें। इसके बाद करछी से हर इडली के सांचे के गोल घेरे में घोल डालना है। घोल डालते हुए ध्यान रखें कि हर सांचे में एक पीला हिस्सा और थोड़ा सफेद हिस्सा डालना है। अंडे के घोल को फेंटना नहीं है।
6. इसके ऊपर से मिक्स सब्जी हल्की सी बुरक दें और बाकी काटा गया अदरक, हरी मिर्ची, हरा धनिया पत्ती डालना है।

7. अब इडली स्टैंड को गरम पानी में रख दें और ढक दें। गैस मीडियम रखनी है।
8. करीब 8 मिनट बाद चाकू की नोक से देख लें ज्यादा गीला लगे तो और पका लें।

हो गयी हमारी अंडे की इडली तैयार! इन्हें सॉस और हरी चटनी के साथ सर्व करें साथ में चाय या ड्रिंक भी।

2.14. भुट्टे के दानों के पकौड़े या चीले

सामग्री

* 4 कचिया भुट्टे
* 2 चम्मच बेसन
* अदरक, हरा धनिया पत्ती, हरी मिर्च बारीक कटा हुआ
* 2 साबुत लाल मिर्च
* 2 कच्चे आलू
* तेल तलने के लिए

मसाले

* नमक स्वाद के अनुसार
* गरम मसाला
* 1 चम्मच चाट मसाला

विधि

1. सबसे पहले भुट्टों को अच्छे से साफ कर लें उनके पत्ते हटाकर। अब इन्हें धोकर हल्के हाथ से कद्दूकस कर लें।
2. यदि आलू डालना चाहते हैं तो उन्हें भी छील कर कद्दूकस कर रख लें, वरना बिना आलू के भी बना सकते हैं।
3. अब कद्दूकस हुए भुट्टे के दानों को एक मिक्सर जार में दरदरा पीस कर रख लेंगें।
4. इस पिसे हुए भुट्टे को एक भगोने में निकाल कर बेसन डालें फिर काटा गया मिर्च आदि डाल कर ऊपर लिखे मसाले डाल लें।
5. अब घोल को अच्छे से मिक्स करके रख लें। यदि आलू डालना चाहते हैं तो डालें नहीं तो ऐसे ही बनाएँ। घोल को गाढ़ा ही बनाएंगे ज्यादा पतला नहीं।

(यदि चीले बनाने हैं तो नॉन-स्टिक तवा लेकर उस पर जैसे और दाल या बेसन के चीले बनाते हैं वैसे ही बना लें और घी से सेक लें। यदि पकौड़ी बनानी हैं तो एक कढ़ाई में तेल गरम होने रख दें।)

6. तेल गरम होने पर एक चम्मच की मदद से पकौड़ी कढ़ाई में छोड़ेंगे। जब उलट-पुलट कर लाल रंग की सिक जाये तो उतार लेंगे।

बन गयी हमारी भुट्टे के दाने की पकौड़ी, और चीले। इन्हें आप सुबह या शाम को चाय के साथ हरी चटनी के साथ सर्व करें।

2.15. हरी मटर की चाट

सामग्री

* 2 कटोरी मटर के दाने उबले हुए
* 1 बड़े साइज़ का उबला हुआ आलू
* 1 कटी हुई हरी मिर्च, अदरक, बारीक काट कर।
* 1 टमाटर बारीक कटा हुआ
* हरी चटनी
* मीठी चटनी
* नीबू
* नमक
* 1 चम्मच भुना हुआ जीरा
* 1 चम्मच चाट मसाला

विधि

1. एक बर्तन में मटर डाल कर रख लें और ऊपर लिखी काटी गई **सामग्री** और मसाले भी डाल लें। इस बर्तन को ढककर रखदें।
2. इसके बाद आलू के छोटे टुकड़े कर के एक थाली में फैलाकर रख लें। जिससे ये चिपके ना।
3. अब एक कढ़ाई में घी डालकर गरम होने रखना है। जब घी गरम हो जाये तो सिम से थोड़ी तेज गैस करके सारे आलू तल कर उतार लें। आलू लाल और करारे भुनने हैं। इसी लिए हल्की आंच रखनी है।
4. आलू को भी मटर के बर्तन में डाल लें और नीबू का रस जैसा पसंद करते हों उतना और थोड़ी हरी चटनी, मीठी चटनी यदि पसंद हो तो डालें। सबको अच्छे से मिक्स करके गरम ही सर्व करें। शाम या सुबह के नाश्ते में।

2.16. चना दाल और कच्चे चावल का गाजर के साथ नाश्ता

सामग्री

* 2 कटोरी चने की दाल
* 1 कटोरी कच्चे चावल
* 1 गाजर कटी हुई
* 2 हरी मिर्च
* 1 प्याज कटा हुआ
* हरा धनिया पत्ती, अदरक बारीक कटा हुआ
* गाजर कद्दूकस की हुई

मसाले

* नमक स्वाद के अनुसार
* लाल मिर्च पाउडर
* थोड़ा गरम मसाला पाउडर
* 1 चम्मच नींबू का रस
* 1 चम्मच चाट मसाला
* आधा चम्मच भुना जीरा पाउडर
* घी बनाने के लिए

विधि

1. पहले चने की दाल को 2 घंटे के लिए गरम पानी में भिगोना है। अब चावल को अच्छी तरह से धोना है और थोड़ी देर चावल को पानी में पड़ा हुआ रहने दें। चावल को चने की दाल के 2 घंटे बाद धोना है।
2. इतने में गाजर को कद्दूकस करके रख लें।

3. अब मिक्सर जार में चने की दाल, चावल, एक कटोरी पानी डालकर दरदरा पीस लें।
4. इस पेस्ट को एक बर्तन में निकाल लें। पेस्ट गाढ़ा रखना है जो चीले की तरह तवे पर फैल जाए और कढ़ाई में भी पकौड़े बन जाएं।
5. इसमें कद्दूकस की हुई गाजर और बाकी काटी गई सामग्री भी डाल दें और मिक्स करें।
6. अब ऊपर लिखे सभी मसाले और नीबू का रस डालें और फिर से मिक्स करें।
7. इसके बाद एक कढ़ाई में तेल डालें और हाथ या चम्मच से छोड़कर पकौड़े बना लें या एक फ्राई पैन लेकर गैस पर गरम होने रख दें और उसमें एक करछी तेल या घी डालें और एक करछी से पेस्ट डाल कर उसे हल्के से फैला लें।
8. इसको टेस्टी बनाने के लिए इसके बीच में थोड़ा सा चीज कस कर डाल सकते हैं या पनीर को भी डाल सकते हैं। चीज के बाद उसपर कोई भी सब्जी बारीक काट कर डाल सकते हैं, जिससे चीज अच्छे से चीले पर चिपक जाये।
9. अब चीले के चारों तरफ थोड़ा तेल डालकर पलट कर दूसरी तरफ से सेक लें।

हो गया नाश्ता तैयार! इसे हरी चटनी या मीठी चटनी के साथ सर्व कर सकते हैं।

2.17. मैगी की स्टफिंग गुंजिया

सामग्री

- 3 कटोरी मैदा या गेहूँ का आटा
- 1 पैकेट मैगी नूडल्स
- मिक्स सब्जी (आप जो डालना चाहते हैं।)
- 2 उबले आलू
- घी या तेल बनाने के लिए

मसाले

- नमक स्वाद के अनुसार
- मैगी मसाला
- 1 चम्मच चाट मसाला
- 1 चम्मच नीबू का रस

विधि

1. सबसे पहले आटा गूंथ कर रख दें। इसके लिए एक परात में मैदा डालें और आलू को कद्दूकस कर के डालें।
2. इसके बाद थोड़ा सा नमक और 1 चम्मच तेल डालें।
3. अब मैदे को पहले आलू के साथ अच्छे से मसल लें, फिर जरूरत के हिसाब से सादे पानी से ही मैदे को गूंथना है और हल्के तेल का हाथ लगाकर मैदे को 15 मिनट के लिए ढक कर रख लें। मैदे को रोटी के आटे की तरह ही रखना है।
4. अब स्टफिंग तैयार करेंगे - मैगी को एक फ्राइपैन में पानी डालकर उबालें। उबलने पर मैगी नूडल्स मसाला और चाट मसाला भी डालना है और आप जो सब्जी डालना चाहते हैं, उन्हें बारीक काट कर पहले ही थोड़ा सा उबाल लें।
5. अब बनती मैगी में उबली सब्जियाँ डालकर मिक्स करके मैगी नूडल्स तैयार करें।
6. मैगी बनने पर ध्यान रखें कि पानी बिल्कुल भी नहीं हो।

7. अब मैगी में एक चम्मच घी डालकर मिक्स करें। गैस बन्द करके मैगी को एक प्लेट में ठंडा होने के लिए रखदें। हो गयी हमारी मैगी की स्टफिंग तैयार।
8. मैदे का आटा फिर से मल कर ठीक कर लें। जिससे आटे पर चिकनाई सी आ जाये।
9. अब इस आटे की रोटी बेलने के लिए लोई तोड़नी है और एक लोई को चकले पर थोड़ा सूखा मैदा लगाकर बेल लें।
10. रोटी बिलने पर रोटी के आधे हिस्से पर स्टफिंग लगाकर फैला दें।
11. बचे आधे हिस्से को स्टफिंग के ऊपर पलट कर मोड़ दें और उंगली से थोड़ा सा दबाकर गुंजिया की शेप में कर लें।
12. अब एक स्टील का कांटा लेकर उसके आगे के हिस्से से गुंजिया के उस हिस्से को दबाएंगे जिसे उंगली से दबाया है।
13. इस तरह से गुंजिया चिपक भी जाएगी और डिजाइन भी बन जायेगी, जो बच्चों को देखने में सुंदर लगेगा। सारी गुंजिया ऐसे ही बनाकर रखनी है।
14. अब एक नॉन-स्टिक फ्राइपैन गरम होने रख दें और घी एक करछी डालना होगा, यदि कम लगे तो और डाल दें। फिर 2 गुंजियों को फ्राइपैन में सेकने के लिए रख दें मीडियम आंच पर और दोनों ही तरफ से पलट कर सेक लें।

हो गयी हमारी मैगी नूडल्स की गुंजिया तैयार। इसे बच्चों को सॉस या दही के साथ खाने के लिए दें।

बच्चों को ये नाश्ता बहुत ही टेस्टी लगेगा और बड़े भी इसे सॉस या हरी चटनी के साथ खा सकते हैं।

2.18. वेज बिरयानी

सामग्री

- 2 कटोरी चावल
- 1 फूल गोभी
- 2 प्याज कटा हुआ
- 2 हरी मिर्च कटी हुई
- अदरक कटी हुई
- 4 लाल साबुत मिर्च
- 6 काजू
- 20 किशमिश
- 4 लौंग
- 10 काली मिर्च
- 4 दालचीनी की डंडी

विधि

1. सबसे पहले चावल को अच्छे से धोकर भिगोना है (1 घंटे के लिए।)
2. अब प्याज, हरी मिर्च, अदरक लंबा काट लें।
3. इसके बाद फूल गोभी के बड़े टुकड़े करके लंबी डंडी सहित उनको अच्छे से धोकर कपड़े पर सुखाकर, फिर थोड़ा लाल तल कर रख लें।
4. अब बिरयानी बनाएंगे - चावल को थोड़ा उबाल लें (थोड़ा कच्चा रखना है।) और छान कर रख लें। चावल को दो जगह कर लें।
5. एक नॉन स्टिक कढ़ाई बड़े साइज की लेकर गैस पर गरम होने रखें और 1 करछी देसी घी में ऊपर लिखे सारे गरम मसाले और काजू डालकर थोड़ा भूनें।
6. अब एक हिस्सा चावल डाल देंगे फिर हल्के से मिक्स करना है ताकि वो टूटे ना।
7. चावल के ऊपर तली हुई गोभी फैलाकर लगाएं। इसके बाद चावल को फैला दें।

8. अब एक कटोरी में बिली हुई दही लेकर उसमें आधा चम्मच हल्दी और गरम मसाला पाउडर थोड़ा सा डालकर मिक्स करके फिर इस दही को थोड़ा सा पानी से पतला करके चावल के ऊपर अच्छे से सारे में फैला दें।

9. अब थोड़े से चावल जो अलग रखें हैं उनको भी कढ़ाई में लास्ट में ऊपर से फैला दें और 1 कटोरी पानी भी डाल दें।

10. सिम गैस पर ही चावल को ढक कर पकाएंगे, करीब पांच से दस मिनट के लिए। लेकिन बीच में थोड़ा सा चला देंगे जिससे जले ना। गैस बन्द करके थोड़ी देर कढ़ाई नहीं खोलनी है।

11. अब खोलकर थोड़ा मिलाएं और मिक्स रायते के साथ बिरयानी सर्व करें।

2.19. अंडे की स्टीम इडली

सामग्री

- 6 अंडे
- 2 प्याज कटे हुए
- 1 बड़ा टमाटर कटा हुआ
- 1 हरी मिर्च, अदरक, हरा धनिया पत्ती बारीक कटा हुआ
- 1 गाजर कद्दूकस करी हुई

मसाला

- नमक स्वाद के अनुसार
- लाल मिर्च मोटी पिसी हुई
- आधा चम्मच सूखा धनिया पाउडर
- थोड़ा गरम मसाला

विधि

- पहले एक बर्तन में अंडों को फोड़कर रख लें। इनको फेंटना नहीं है।
- इसमें नमक और काली मिर्च पाउडर डालकर थोड़ा सा मिलाना है (पीला हिस्सा ज्यादा टूटे ना।)
- अब सब्जी को तैयार करेंगें। जो सब्जी डालनी हो उसको बारीक काट कर डालें। अदरक आदि ऊपर लिखा सभी सामान बारीक काट कर डालना है।
- इसके बाद थोड़ा नमक, ऊपर लिखा सभी मसाला डालकर अच्छी तरह से मिक्स करके रखें। सब्जी कच्ची ही रखनी है।
- एक बड़ी कढ़ाई में पानी भरकर गैस पर गरम करके फिर उसमें जाली दार स्टैंड रखकर जब पानी उबलने लगे तो गैस कम करनी है।
- अब 4-6 कटोरी लेंगें। (कटोरी ज्यादा बड़ी ना हो।)

* कटोरी में थोड़ा तेल चारो तरफ लगायें और फिर कटोरी में एक करछी अंडे का घोल डालें। लेकिन ये याद रखना है थोड़ा पीला हिस्सा जरूर आये। फिर थोड़ी कटी हुई सब्जी बुरकनी है और आधा करछी फिर से अंडे के घोल को डालें।
* अब एक ढक्कन से ढक कर 12 मिनट तक पकने दें फिर चाकू की नोक से देखलें, यदि चाकू चिपक रहा है तो और पकायें नहीं तो गैस बंद कर दें।

बन गई अंडे की इडली। इसको गोला चटनी, सॉस या हरी चटनी से सर्व कर सकते हैं। ये सब को बहुत ही पसंद आने वाली रेसिपी है।

2.20. स्टीम अंडे का फ़्राईड ढोकला

सामग्री

* 6 अंडे
* 2 प्याज कटा हुआ
* 2 हरी मिर्चि
* थोड़ा सा हरा धनिया पत्ती
* 10 करी पत्ते कटे हुए
* अदरक
* साबुत लाल मिर्च
* 1 टमाटर कटा हुआ

मसाले

* नमक स्वाद के अनुसार
* सूखा धनिया पाउडर
* थोड़ा सा गरम मसाला पाउडर

विधि

1. सबसे पहले अंडों को एक बर्तन में फोड़ कर फेंट लें।
2. अब इस घोल में ऊपर लिखी काटी सब्जियाँ, हरा धनिया पत्ती और मसाले, डाल कर मिक्स कर लें।
3. अब एक भगोने में पानी भरें (आधा भगोना) और उसको गरम करने रखने के बाद भगोने में एक जाली का स्टैंड रख कर उस पर एक छोटे भगोने में अंडे के घोल को भरना है। घोल भरने से पहले भगोने में थोड़ा सा तेल चारों तरफ लगाकर फिर अंडे का घोल डाल दें।
4. अब भगोने को गरम पानी के भगोने में रख कर ऊपर से ढक दें।

5. सिम गैस पर 10 मिनट तक स्टीम करें।
6. फिर गैस बन्द करके थोड़ी देर में एक चक्कू की मदद से एक प्लेट में निकाल कर ठंडा होने पर एक चाकू से छोटे टुकड़े करके रख लें।
7. एक कढ़ाई में एक करछी तेल डाल कर गरम हो जाने पर उसमें एक चम्मच राई, 6 करी पत्ते काट कर डालें।
8. अब थोड़ा नमक, साबुत लाल मिर्च तोड़कर और थोड़ा चाट मसाला डालकर हलके हाथ से करछी से भूनेंगे।

अब हमारा अंडे का ढोकला तैयार हो गया है। इस को सॉस, हरी चटनी के साथ सर्व करना है। ये बच्चों और बड़ों को बहुत ही पसंद आता है।

2.21. पके केले के चिप्स

सामग्री

* 2 पके केले लेकिन अधकच्चे (ज्यादा पके हुए नहीं हों)
* तलने के लिए रिफाइंड तेल
* चाट मसाला थोड़ा सा या काला नमक
* लाल मिर्च पाउडर थोड़ा मोटा

विधि

1. सबसे पहले केले को छीलकर गोल आकार के चिप्स काट लें।
2. अब एक कढ़ाई में तेल गरम करने रख दें।
3. तेल गरम होने पर सारे काटे गए केले के चिप्स तलने डालें। इन चिप्स को थोड़ा तल कर निकाल लें। लाल रंग का नहीं करना है।
4. इन चिप्स को ठंडा होने पर थोड़ा सा एक कटोरी की मदद से दबा लें।
5. अब इसके बाद दुबारा तेल गरम करके फिर से सारे चिप्स दुबारा तल लें। इन चिप्स को थोड़ा लाल रंग का होने पर निकाल लें।

हो गए हमारे पके केले के चिप्स तैयार। इनको बच्चों या बड़ों को सर्व करने से पहले काला नमक या चाट मसाला डालकर मिक्स करें या ऐसे ही चाय या ड्रिंक्स के साथ भी सर्व कर सकते हैं।

2.22. बेसन की फ्राइड बर्फी

सामग्री

* 2 कटोरी बेसन
* मिक्स कच्ची सब्जी
* घी
* 2 चम्मच सूजी
* नमक स्वाद के अनुसार
* लाल मिर्च मोटी पिसी
* 1 चम्मच चाट मसाला
* आधा चम्मच अजवायन मसल के

विधि

1. सबसे पहले जो भी कच्ची सब्जी डालनी है, उन्हें बहुत ही बारीक काट लेंगें, या जो कद्दूकस करने वाली हैं, उन्हें कस कर रख लें। सभी सब्जियों को अच्छे से धोकर छलनी में रखना है।
2. अब बेसन का एक भगोने में थोड़ा-थोड़ा पानी डाल कर घोल बना लें। घोल पतला ना हो ना ज्यादा गाढ़ा हो पकौड़ी जैसा रखना है।
3. फिर सूजी मिलाकर मिक्स करना है और कटी हुई कच्ची सब्जी डालकर फिर से मिक्स करें, 10 मिनट के लिए ढक कर रखदें।
4. अब एक नॉन स्टिक कढ़ाई में थोड़ा घी लगाकर बेसन को डालकर हल्की आंच पर चलाते रहे, वरना लग सकता है।
5. 1 चम्मच घी भी बेसन में डालें।
6. बेसन जब इतना गाढ़ा हो जाये कि थोड़ा घी छोड़ने लगे तो एक थाली जिसमें पहले ही थोड़ा घी लगाकर तैयार करके रखी है उसमें निकालकर उसे अच्छे से फैलाकर रख दें।

7. ठंडा हो जाने पर बेसन को किसी भी शेप में काटकर एक दूसरी थाली में रख लें और इन्हें 10 मिनट के लिए फ्रिज में ढक कर रख दें।
8. अब एक फ्राइपैन में 2 करछी घी या तेल डालकर बेसन के कटे हुए पीस को फ्राई कर लें या डीप फ्राई भी कर सकते हैं, पकौड़े बन जाएंगे।
9. यदि बेसन के कच्चे पीस कुछ दिन के लिए रखना चाहें तो टाईट डिब्बे में करके फ्रिज में रख सकते हैं। 8 दिन तक ठीक रहेंगे।

हो गयी हमारी बेसन की बर्फी तैयार। इन्हें हरी चटनी के साथ सर्व करें, शाम की चाय पर। ड्रिंक के साथ स्टार्टर की तरह।

2.23. बाजरे की इडली

सामग्री

* 2 कटोरी बाजरा
* 1 कटोरी धुली मूंग दाल
* 1 कटोरी धुली उरद दाल
* 1 चम्मच नमक
* हरा धनिया पत्ती बारीक कटी हुई

विधि

1. सबसे पहले बाजरा, मूंग दाल, उरद दाल को अच्छे से धोकर ज्यादा पानी में 4 घंटे के लिए भिगो कर रख दें।
2. अब भीगे हुए सामान को अच्छे से धोकर गाढ़ा घोल पीस कर तैयार कर लें। जिससे घोल बन जाये (जैसा और इडली में रखते हैं।)
3. इस घोल को 5 घंटे के लिए एक बर्तन में ढक कर खमीर के लिए रख दें।
4. 5 घंटे बाद आधा चम्मच नमक डालकर अच्छी तरह से हल्के से मिक्स करके रख लें।
5. अब इडली के लिए एक कुकर में या इडली स्टैंड में 1 गिलास पानी डाल कर गरम होने के लिए रख दें।
6. इतने में इडली स्टैंड में थोड़ा तेल लगाकर फिर एक करछी से थोड़ा-थोड़ा घोल स्टैंड की सब कटोरी में डाल दें और स्टैंड को कुकर में या इडली स्टैंड में रख कर 12 मिनट ढक कर रख दें हल्की गैस पर।
7. अब खोलकर चाकू की नोक से देख सकते हैं। इडली चिपक तो नहीं रही है। यदि चिपके तो और पकालें, वरना उतार लें।
8. ठंडा होने पर इडली एक चाकू से या चम्मच से निकल लें।

बन गयी इडली। इन्हें आप राई, हरी मिर्च, करी पत्ते के छौंक से भूनकर भी सर्व कर सकते हैं। नहीं तो सांभर, सॉस और नारियल चटनी से भी। आप इडली को सुबह शाम कभी भी सर्व कर सकते हैं।

2.24. दलिये की नई रेसिपी

सामग्री

- 2 कटोरी दलिया
- 1 प्याज काट कर
- 1 टमाटर काट कर
- 1 हरी मिर्च कटी हुई
- 5 करी पत्ते कटे हुए
- हरा धनिया पत्ती
- थोड़ी गाजर कद्दूकस की हुई
- 2 चम्मच चावल का आटा
- 3 चम्मच बेसन
- नीबू का रस
- गरम मसाला
- 1 चम्मच चाट मसाला
- लाल मिर्च पाउडर
- धनिया पाउडर
- नमक स्वाद के अनुसार

विधि

1. सबसे पहले दलिये को भून लें।
2. फिर दलिये में थोड़ा सा पानी डालें, जो हलका सा दलिये से ऊपर रहे, ठीक भीग पायेगा, वरना पानी ज्यादा हो जाएगा।
3. करीब दो घंटे में दलिया भीग जाएगा, फिर इसे एक भगोने में करके कटा हुआ प्याज, और बाकी काटी गयी सामग्री डालकर सभी मसाले भी डालें।

4. अब नीबू का रस, बेसन, चावल का आटा डाल कर अच्छे से मिक्स करके आटे की तरह गूंथ लेंगे। अब थोड़ा तेल का हाथ लगाकर आटे को ठीक कर लें।
5. यदि गीला लगे तो थोड़ा बेसन और डाल लें। अब इस पेस्ट की छोटी-छोटी लोई बनाकर थोड़ा सा तेल लेकर टिक्की के शेप में सारी बनाकर रख लें।
6. अब एक फ्राई पैन में थोड़ा सा तेल या घी गैस पर गरम हो जाने पर इन टिक्की को 4, 4 रख कर सेकें और उलट, पलट कर जब लाल रंग की हो जायें तो उतार कर सर्व कर सकते हैं।

ये दलिया बच्चों को खिलाने का नया तरीका है। जो टेस्टी भी है। इन टिक्की को सुबह या शाम को हरी चटनी, सॉस के साथ सर्व कर सकते हैं।

2.25. दही के कबाब

सामग्री

* आधा कटोरी चने की दाल भिगोकर दरदरी पीस लें (पानी जरूरत के लिए ही डालें वरना नहीं।)
* आधा कटोरी दही
* 1 उबला आलू कद्दूकस किया हुई
* अदरक, हरी मिर्च बारीक कटा हुआ
* आधा कटोरी हरी मेंथी बारीक कटी हुई
* थोड़ा सा हरा धनिया पत्ती कटा हुआ
* 2 प्याज बारीक कटे हुए
* थोड़ी सी सूजी पेस्ट टाइट करने के लिए
* नमक स्वाद के अनुसार
* तेल बनाने के लिए
* लाल मिर्च पाउडर
* आधा चम्मच पिसी सौंफ
* थोड़ा गरम मसाला
* 2 चम्मच किचन किंग मसाला

विधि

1. सबसे पहले दही को छानकर बिल्कुल टाइट वाला करके रख लें और मसाला जो आप चाहें वो डालें, लेकिन दही स्टफिंग करते समय।
2. अब एक परात में कसे हुए आलू, चने की दाल डालें, इसमें ऊपर लिखे मसाले डालकर अब काटा गया अदरक आदि सब डालें।
3. इसके बाद 2 चम्मच सूजी डालकर अच्छी तरह से मिक्स करके देख लें पेस्ट कैसा है, टिक्की नहीं बन पाये तो सूजी और डालें। दही को बाद में इस्तेमाल करें।

4. अब पेस्ट को हाथ में तेल लगाकर पतली चौड़ी टिक्की बनायें। इसके बीच में मसाले वाला दही आधा चम्मच डाल कर टिक्की को धीरे से दुबारा गोल आकार में करते हुए फिरसे टिक्की की शेप में कर लें, कसके नहीं दबाना है नहीं तो दही निकल सकता है। ऐसे ही सारी कबाब टिक्की तैयार करलें।
5. अब इनको एक नॉन स्टिक फ्राई पैन में घी या मक्खन डालकर अच्छी तरह से सेमी फ्राई करते हुए सेक लें।

हो गये हमारे दही कबाब तैयार। इन्हें आप शाम को चाय के साथ या रात को ड्रिंक के साथ सर्व कर सकते हैं।

2.26. शिमला मिर्च और चावल की टेस्टी रेसिपी

सामग्री

* 2 कटोरी उबले हुए चावल
* 2 छोटी शिमला मिर्च लंबी बारीक कटी हुई
* 1 प्याज पतला लंबा कटा हुआ
* थोड़ा सा अदरक लंबा कटा हुआ
* 1 नीबू का रस
* 1 चम्मच काली मिर्च पाउडर
* 5 लाल मिर्च के साबुत बड़े टुकड़े
* 3 हरी मिर्च लंबी कटी हुई
* 1 करछी घी बनाने के लिए
* 2 लौंग
* 8 साबुत काली मिर्च
* 2 पत्ते तेजपात के
* 1 चम्मच साबुत राई
* 8 करी पत्ते छोटे साबुत (चाहे तो ज्यादा भी ले सकते हैं।)
* नमक स्वाद अनुसार

विधि

1. सबसे पहले एक नॉन स्टिक कढ़ाई में घी या तेल अच्छी तरह से गरम हो जाने पर राई, फिर प्याज डालें।
2. अच्छी तरह से थोड़ा गुलाबी रंग का भूनकर अब लौंग, साबुत काली मिर्च, करी पत्ता, तेज पत्ता, अदरक डालकर अच्छी तरह से सिम आंच पर चलाएं।
3. अब कटी हुई हरी मिर्च, तोड़ी गयी लाल मिर्च, डालकर अच्छी तरह से चलाएं।
4. अब शिमला मिर्च डालकर अच्छी तरह से 3 मिनट तक हल्की आंच पर भूनना है।

5. इसके बाद नमक और काली मिर्च पाउडर डालना है। पहले डालने से शिमला मिर्च ज्यादा गल सकती है।
6. अब आख़री में चावल डालकर धीरे से चलाते हुए भूनेंगे और 2 मिनट तक भूनकर अब गैस बन्द कर दें।
7. 1 नीबू का रस डालकर ढक दें (नीबू डालते ही चलाने से भी चावल कड़वा हो सकता है।) और 1 मिनट बाद मिक्स करके सर्व करें।

हो गयी हमारी चावल और शिमला मिर्च की रेसिपी तैयार। जो कि बहुत ही स्वादिस्ट, बड़ों और बच्चों को लगती है। इसको गरमा गरम हरी चटनी या आम के अचार के साथ सर्व करें।

2.27. हरी मेंथी और आलू की टिक्की

सामग्री

* 250 ग्राम हरी मेंथी कटी हुई
* 4 उबले हुए आलू
* हरी मिर्च, अदरक बारीक काटी हुई
* राई
* करी पत्ते का छौंक, आलू की पिट्ठी में
* 2 चम्मच चावल का आटा
* 2 चम्मच सूजी टिक्की कुरकुरी करने के लिए

मसाले

* लाल मिर्च पाउडर
* 1 चम्मच चाट मसाला
* गरम मसाला
* 1 चम्मच सूखी पिसी हुई खटाई
* नमक स्वाद अनुसार
* सर्व करने के लिए दही, हरी चटनी, मीठी चटनी, ऊपर से नमकीन भी डाल सकते हैं।

विधि

1. सबसे पहले उबले हुए आलू को कद्दूकस कर के एक चौड़े बर्तन में डाल लें।
2. इसी में हरी मेंथी को धोकर निचोड़ कर डाल लें। ऊपर लिखे गए सारे मसाले भी डाल लें।

3. इसके बाद ऊपर लिखी काटी गयी सामग्री डालकर अच्छी तरह से मिक्स करके चावल का आटा, और हलका गरम करके घी डालें। (लेकिन इस घी में राई करी पत्ते का छौंक डालना है।)
4. मिक्स करके टिक्की की लोई छोटी या बड़ी अपनी पसंद से बनाकर रख लें। (हलका तेल का हाथ लगाकर।)
5. अब एक फ्राइपैन लें। गरम होने पर करीब 2 करछी घी डालें। एक बार में 4 टिक्की सेक लें, उलट पलट कर।
6. लाल रंग की हो जाने पर टिक्की उतारकर गरमा गरम दही, सोंठ और हरी चटनी के साथ सर्व करें। या सिर्फ हरी चटनी के साथ कटलेट की तरह सर्व कर सकते हैं।

2.28. आलू के फिंगर चिप्स अंडे के साथ

सामग्री

- 2 बड़े कच्चे आलू
- 1 अंडा
- 2 चम्मच चावल का आटा
- अदरक, हरी मिर्च का पेस्ट
- थोड़ा नमक
- 1 चम्मच चाट मसाला
- 1 चम्मच किचन किंग मसाला
- तेल तलने के लिए

विधि

1. सबसे पहले आलू को छीलकर लंबे फिंगर चिप्स की शेप में काट लें।
2. इसके बाद फिंगर चिप्स को अच्छे से धोकर एक कपड़े पर फैलाकर थोड़ा सूखने पर एक चौड़े बर्तन में डाल लें। अब ऊपर लिखा मसाला डालकर चावल का आटा बुरक कर डालें और मिक्स करें।
3. इसके बाद अंडे को फोड़ कर एक कटोरी में फेट लें, फिर फिंगर चिप्स पर डाल कर फैला लें और अच्छे से मिक्स कर लें।
4. अब एक कढ़ाई में तेल गरम हो जाने पर हाथ से ही फिंगर चिप्स थोड़े-थोड़े फैलाकर कढ़ाई में डालें और अच्छी तरह से तलकर निकाल लें।

हो गये हमारे अंडे के फिंगर चिप्स तैयार। इन्हें बच्चों को सॉस के साथ और बड़ों को चटनी के साथ सर्व करें।

2.29. धुली मूंग दाल, ब्रेड और सब्जियों के साथ टिक्का

सामग्री

- 2 कटोरी धुली मूंग दाल
- 1 करछी चावल का आटा
- 4 बड़े ब्रेड पीस
- मिक्स सब्जी कद्दूकस की हुई जो डालना चाहते हैं
- 1 प्याज बारीक कटा हुआ
- अदरक, हरा धनिया पत्ती बारीक बारीक कटा हुआ

मसाले

- लाल मिर्च पाउडर
- 1 चम्मच चाट मसाला
- 2 चम्मम नीबू का रस, अंदर इतना ही डालेंगें बाकी टिक्के पर ऊपर से डालना होगा।
- नमक स्वाद के अनुसार

विधि

1. सबसे पहले धुली मूंग दाल को 3 घंटे के लिए भिगो कर अच्छे से धोकर पीस लें।
2. अब इस दाल में ऊपर लिखे मसाले और कद्दूकस की हुई सब्जी डाल कर मिक्स करें। अदरक, हरा धनिया पत्ती बारीक कटा हुआ भी डाल लें।
3. ब्रेड के किनारे काट लें और फिर एक नॉन-स्टिक तवा गरम हो जाने पर उसपे थोड़ा तेल लगा दें और सब्जी मिक्स की हुई दाल को तवे पर चौकोर फैलाकर उसके ऊपर ब्रेड रख कर दुबारा दाल को डाल कर ब्रेड को ढक दें।
4. अब थोड़ा तेल चारों तरफ डालकर पलटें और फिर से तेल डालकर अच्छी तरह से सेक कर एक प्लेट में निकाल लें।

5. चारों ब्रेड पीस ऐसे ही सेक कर ठंडे हो जाने पर एक चाकू से लम्बे पीस में काटें।
6. एक ब्रेड के चार लंबे पीस करके फिर छोटे काटें। इस तरह से सबके चौकोर पीस कर लें।

टिक्का तैयार है। इसको सर्व करते हुए पीसों को एक प्लेट में जितने पीस आएं उतने रखकर ऊपर से जो मसाला चाहें बुरक लें और यदि चाहें तो चीज कद्दूकस कर के डालें फिर मसाला डालकर हरी चटनी के साथ शाम को चाय के साथ सर्व करें। ये टिक्का बच्चों को बहुत पसंद आता है और सारी सब्जी भी बच्चे खा पाते हैं।

2.30. फूलगोभी, बेसन, गेहूँ और चावल के आटे की कचोरी

सामग्री

- 2 कटोरी गेहूँ का आटा
- 1 कटोरी बेसन
- 1 कटोरी चावल का आटा
- घी मोमन के लिए
- 1 फूल गोभी
- हरी मिर्च, अदरक, हरा धनिया पत्ती बारीक कटा हुआ

मसाले

- लाल मिर्च पाउडर
- गरम मसाला
- 1 चम्मच पिसी हुई खटाई
- थोड़ा सा सूखा धनियां पाउडर
- आधा चम्मच पिसी हुई सौंफ
- 1 चम्मच चाट मसाला
- नमक स्वाद अनुसार

विधि

1. सबसे पहले एक परात में तीनों तरह के आटे निकाल लें।
2. अब मोमन के लिए, 2 करछी घी और थोड़ा नमक डालकर आटा अच्छे से मसलकर थोड़ा गरम पानी के साथ धीरे से गूंथ लें। (पूरी के आटे जैसा)
3. आटे को तेल का हाथ लगाकर 15 मिनट के लिए ढक कर रख दें।

4. अब गोभी की स्टफिंग तैयार कर लें - इसके लिए पहले गोभी को कद्दूकस करके थोड़ा सा नमक लगाकर थोड़ी देर तक रख लें, फिर कसके निचोड़ कर एक बर्तन में रख लें।

5. इसके बाद काटा गया अदरक, हरी मिर्च, हरा धनिया पत्ती और सभी ऊपर लिखे मसाले डालकर अच्छी तरह से मिक्स कर लें।

6. अब तैयार आटे कि कचोरी के हिसाब से लोई तोड़ लें और थोड़ा सा तेल के हाथों से आटे को फैलाकर चम्मच से गोभी की स्टफिंग भरें।

7. हाथों से ही फैलाकर लोई को थोड़ा सा दबाकर कचोरी का शेप दें। बेलन से नहीं बेलनी है।

8. यदि स्टफिंग गीली लगे तो थोड़ा बेसन मिला लें। भरने में आसानी होगी।

9. इसी तरह सारी लोई भरकर कचोरी बनानी है। पर सब एक साथ नहीं भरकर रखें, वरना ढीली हो जायेगी। एक बार में चार लोई बनाकर तलते रहें।

10. तलने के लिए एक कढ़ाई में घी या तेल डालकर अच्छी तरह से गरम हो जाने पर थोड़ी हल्की आंच पर कचोरी तलें। वरना जल सकती हैं और अंदर से कच्ची भी हो सकती है। इसलिए तेल गरम हो जाने पर कचोरी जो भर कर रखी है उन्हें हल्के लाल रंग की तलें। फिर दुबारा कचोरी भरकर कढ़ाई में डालें, तलने के लिए कचोरियों को उलट-पलट कर सेकें।

हो गयी फूल गोभी की कचोरी तैयार। इन कचोरियों को हरी चटनी के साथ नाश्ते में सर्व करें।

खंड-3

ब्रेड्स

3.1. चिली अंडा रेसिपी

सामग्री

* 4 उबले अंडे
* आधा कटोरी कॉर्न फ्लोर
* 2 टमाटर कटा हुआ
* हरी मिर्च, अदरक, हरा धनिया पत्ती बारीक कटा हुआ
* 2 बड़े प्याज कटे हुए
* 2 लहसुन की कली यदि डालना चाहते हैं
* 1 बड़े साइज की शिमला मिर्च (बीज निकाल कर) के छोटे टुकड़े
* आधा कटोरी दही

मसाले

* आधा चम्मच काली मिर्च पाउडर
* 2 इलायची छोटी वाली
* 2 लौंग
* 10 काली मिर्च दरदरी कुटी
* 2 साबुत लाल मिर्च भून कर टुकड़े करे हुए
* 1 चम्मच किचन किंग मसाला
* नमक स्वाद अनुसार
* देसी घी सब्जी बनाने के लिए

विधि

1. सबसे पहले अंडो को उबालकर ठंडा होने पर छीलकर रख लें।
2. इतने में शिमला मिर्च को काटकर अलग रख दें और मसाला तैयार कर लें।

3. मसाले के लिए पहले एक कढ़ाई में 1 करछी घी गरम होने रखें। अब घी में 2 छोटी वाली इलायची हल्की तोड़कर डाल दें और साथ में 2 लौंग, थोड़ा तेज पत्ता और 10 काली मिर्च दरदरी कूट कर डालें। (यह सब गैस सिम करके डालना है।)
4. अब काटा गया प्याज, लहसुन अदरक, हरी मिर्च, टमाटर को डालकर अच्छी तरह से भून लें।
5. इसके बाद नमक, काली मिर्च पाउडर, किचन किंग मसाला, साबुत लाल मिर्च (टूटी हुई) डालना है और सबको अच्छे से मिक्स करते हुए भूनना है। यदि घी कम लगे तो और डाल सकते हैं। अब कढ़ाई को उतार कर ढक कर रख दें।
6. अब सब्जी केलिए अंडे तैयार करें - इसके लिए अंडों को ठंडा होने पर (जल्दी हो तो फ्रिज में ठंडा कर लें।) अंडों को लंबा बीच से काट कर दो टुकड़े करें। ऐसे ही सभी अंडे काट लें।
7. एक चौड़ी कटोरी में कॉर्न फ्लोर को थोड़ा गाढ़ा घोलकर रख लें।
8. अब सभी काटे गए अंडों को एक-एक करके घोल में डिप करके एक प्लेट में रख लें फिर कढ़ाई में डालें।
9. एक फ्राईपैन में घी डाल कर अंडों को अब थोड़ा लाल रंग का तल कर रख लें।
10. दुबारा मसाले वाली कढ़ाई गैस पर रख कर गरम होने पर इन तले हुए अंडों को मसाले में डाल कर मिक्स करें।
11. अब दही को थोड़ा पतला करके डालना है और फिर से मिक्स करते हुए सब्जी को चलाना है।
12. इस सब्जी को 2 मिनट हल्की आंच पर पकने दें।
13. अब ऊपर से थोड़ा पिसा हुआ गरम मसाला और हरा धनिया पत्ती डालकर ढक कर रख दें।
14. दो मिनट बाद खोलकर इस सब्जी को रोटी, तंदूरी परांठे के साथ सर्व करें।

एक बार बनाई तो बार-बार बनाने का मन करेगा ये मेरा वादा है!

3.2. आलू, पोहे से बनी पूरी

सामग्री

- 2 बड़े उबले आलू
- 2 और आधी कटोरी पोहा (पिसा हुआ)
- 2 हरी मिर्च और थोड़ी सी अदरक को पीस लें
- हरा धनिया (बारीक कटा हुआ)
- 5 करी पत्ते (बारीक कटे हुए)
- 2 करछी चावल का आटा
- 2 चम्मम कॉर्न फ्लोर पाउडर

मसाले

- नमक स्वाद के अनुसार
- 1 छोटा चम्मच लाल मिर्च पाउडर
- 1 छोटा चम्मच पिसा हुआ धनिया पाउडर
- आधा चम्मच सौंफ (बारीक पिसी हुई)
- आधा छोटा चम्मच गरम मसाला
- 1 चुटकी हींग
- 2 चम्मच नीबू का रस
- तेल (पूरी तलने के लिए)

विधि

1. सबसे पहले पिसा हुआ पोहा एक परात में डालें। इसमें उबले कद्दूकस किए हुए आलू और ऊपर लिखे हुए सभी मसाले डालें। अब 2 चम्मच तेल, बारीक कटा करी पत्ता, हरा धनिया, पिसा हुआ अदरक, हरी मिर्च और नीबू का रस डालकर अच्छी तरह से मिलाकर पूरी के आटे की तरह गूंथ लें।

2. थोड़ा सा तेल लगा कर आटा 10 मिनट के लिये ढक कर रख दें। अब (10 मिनट बाद) पोहे और आलू की पूरी बनाएँ।
3. इसके लिए सबसे पहले एक कढ़ाई में तेल गरम होने केलिए गैस पर चढ़ाएं।
4. फ़िर गूंथे हुए आटे की छोटी-छोटी लोइयां तोड़ लें और इनको पेड़े का आकार देकर प्लेट में रख लें।
5. अब एक-एक लोई को हलके से तेल की मदद से या सूखे आटे की मदद से बेलकर कढ़ाई में डालें और अच्छी तरह उलट-पलट कर तल कर सर्व करें।

हो गयी पोहे और आलू की चटपटी पूरी तैयार! इन्हें आलू की सब्जी या हरी चटनी या दही के साथ सर्व करें! सुबह या शाम के नाश्ते में या सर्दी में सबको पसंद आती हैं।

3.3. आलू, अंडे और आटे की पूरी

सामग्री

- 2 कटोरी आटा
- आधा कटोरी सूजी
- 2 उबले अंडे कद्दूकस किए हुए
- 2 उबले आलू कद्दूकस किए हुए
- अदरक, हरी मिर्च, हरा धनिया पत्ती बारीक कटा हुआ
- तेल या घी तलने के लिए।

मसाले

- नमक स्वाद के अनुसार
- 1 चम्मच लाल मिर्च पाउडर
- आधा चम्मच पिसा हुआ सूखा धनिया पाउडर
- थोड़ा सा गरम मसाला
- 1 चम्मच किचन किंग मसाला

विधि

1. सबसे पहले गेहूँ का आटा और सूजी को एक परात में डालकर अच्छी तरह से मिक्स करें।
2. अब 2 चम्मम तेल डालकर इसमें कद्दूकस हुआ अंडा, आलू, नमक डालकर अच्छी तरह से मिक्स करके पानी से आटे को गूंथ कर रख लें। आटा रोटी जैसा करना है, बहुत कड़ा ना हो।
3. आटे को तेल का हाथ लगाकर 10 मिनट के लिए ढक कर रखदें जिससे सूजी फूल जाएगी।

4. अब कटे हुए अदरक, हरी मिर्च और हरा धनिया पत्ती को एक कटोरे में लेकर, इसमें 1 चम्मच गेहूँ का सूखा आटा, नमक के अलावा ऊपर लिखे गए सभी मसाले डालकर अच्छी तरह से मिक्स करके रख लें।

5. गूंथे हुए आटे को हाथों में तेल लगाकर पूरी के हिसाब से लोइयां तोड़ कर रख लें। अब एक लोई को हथेली पर थोड़ा सा दबाकर लोई के बीच में जो स्टफिंग बनाई है, उसे आधा चम्मच रख दें और लोई को गोल आकार की कर लें। तेल लगाकर ऐसे ही सारी लोई बना लें।

6. अब इन लोइयों को बेलकर रख लें। लेकिन एक बार में सारी नहीं बेलकर रखें खुल सकती हैं। एक बार में 4-5 बेलें, फिर तल कर दुबारा बेलकर रख लें।

7. लोइयों को बेलने के बाद - एक कढ़ाई में रिफाइंड तेल डालकर अच्छी तरह से गरम हो जाने पर बेली हुई पूरी को एक-एक डालकर या 2 बस ज्यादा नहीं इन्हें बीच की आंच पर करारी सेक लें।

लाल रंग की खस्ता पूरी देखने से ही सुंदर लगती हैं। खाने में तो क्या बात है! हो गया नाश्ता तैयार इसको आप अचार, हरी चटनी, या मीठी चटनी और चाय के साथ किसी भी समय सर्व कर सकते हैं।

3.4. आलू और कॉर्न का पराठा

सामग्री

* 2 कटोरी गेहूँ का आटा
* 1 कटोरी सूजी
* घी बनाने के लिए
* एक कटोरी उबले हुए कॉर्न
* 2 उबले आलू कद्दूकस किया हुआ
* अदरक, हरी मिर्च, हरा धनिया पत्ती बारीक कटा हुआ
* आधा कटोरी पत्ता गोभी बारीक कटी हुई (यदि डालना चाहते हैं)

मसाले

- 1 चम्मच लाल मिर्च पाउडर
- 1 चम्मच पिसा धनिया पाउडर
- 1 चम्मच चाट मसाला
- 1 चम्मच मैगी मसाला
- 1 चम्मच पिसी हुई खटाई
- थोड़ा गरम मसाला
- एक चुटकी हींग
- राई, करी पत्ते का छौंक

विधि

1. सबसे पहले आटा गूंथ कर रख लें। इसके लिए एक परात में गेहूँ का आटा, सूजी, थोड़ा नमक डालकर मिक्स करें।
2. अब 1 करछी घी डालकर अच्छे से मिक्स करके अब पानी की मदद से आटा गूंथ कर रख लें। आटा बहुत कड़ा ना हो। इसको ढक कर रख लें।
3. इतने में स्टफिंग तैयार कर लें। स्टफिंग के लिए पहले एक बर्तन में कद्दूकस करे उबले आलू, कॉर्न, कटी हुई सारी **सामग्री** को भी डालकर मिक्स करें।
4. अब ऊपर लिखे सारे मसाले डालें फिर राई, करी पत्ते का छौंक 1 चम्मच घी में बना कर डाल कर अच्छी तरह से मिक्स करके रख लें।
5. स्टफिंग तैयार करने के बाद अब परांठा बनाने के लिए सबसे पहले सारे आटे की लोई तोड़ लें। (पूरी की लोई से थोड़ी सी बड़ी।)
6. अब दो लोइयों को चकले पर सूखे आटे की मदद से बेल कर प्लेट में रख लें।
7. इसके बाद अब एक बेले हुए सादे पराठे को चकले पर रख, चम्मच से स्टफिंग डालकर धीरे से फैला दें (किनारे पर नहीं लगाना है)। स्टफिंग आप अपनी मर्जी से कम या ज्यादा भर सकते हैं।
8. अब दूसरा बिला हुआ पराठा स्टफिंग के ऊपर रख कर चारों तरफ से दबाकर, स्टील के कांटे से चारों तरफ़ से दबा लें। थोड़ा सा डिजाइन बन जायेगा।

9. एक लोहे का तवा गरम हो जाने के बाद घी लगाकर परांठा डालें और हल्की आंच पर सेकें।

10. 2 मिनट बाद पलट कर घी लगाकर दबा-दबा कर लाल रंग का उलट-पलट कर सेक लें। पराठा लोहे के तवे पर अच्छे से सिकता है, नॉन-स्टिक पर बढ़िया नहीं बनता।

हो गया आलू और कॉर्न का परांठा तैयार। इसे किसी भी समय हरी चटनी, अचार, दही या चाय के साथ सर्व कर सकते हैं।

3.5. खीरे का मसालेदार पराठा

सामग्री

* 3 कटोरी गेहूँ का आटा
* आधा कटोरी बेसन
* आधा कटोरी सूजी
* घी बनाने के लिए
* अदरक, हरी मिर्च हरा धनिया पत्ती बारीक कटा हुआ
* 2 खीरे (छिले) कद्दूकस किए हुए
* आधा कटोरी दही
* 1 करछी मोमन के लिए घी

मसाले

* नमक स्वाद के अनुसार
* 1 चम्मच लाल मिर्च पाउडर
* 1 चम्मच पिसा हुआ धनिया पाउडर
* थोड़ी सी पिसी सौंफ
* 1 चम्मच सांभर मसाला
* 1 चम्मच चाट मसाला

विधि

1. पहले एक परात में गेहूँ का आटा, सूजी, बेसन, मोमन के लिए घी डालकर अच्छी तरह से मिक्स करें।
2. अब ऊपर लिखी सारी कटी हुई **सामग्री**, दही, सारे लिखे गए मसाले डालकर लास्ट में कद्दूकस किए हुए खीरे भी डाल लें और थोड़ा-थोड़ा पानी डालकर आटे को गूंथ कर तैयार कर लें। जैसा रोटी का होता है।

3. इसके बाद थोड़ा घी या तेल का हाथ लगाकर थोड़ी देर के लिए रख दें।
4. थोड़ी देर बाद सूखे आटे की मदद से पराठे की लोई तोड लें और गोल आकार की बनाकर रख लें।
5. अब एक लोहे का तवा गरम हो जाने पर घी को तवे पर फैला कर लगा दें। एक लोई को लें और सूखे आटे की मदद से बेल कर तवे पर डालकर मीडियम आंच पर उलट पलट कर, घी लगा कर सेक लें। लोहे का तवा इस लिये लेना है जिससे परांठा करारा बने।

हो गया क्रिस्पी नाश्ता तैयार। इसे शाम को आप हरी चटनी, दही या चाय के साथ सर्व करें।

3.6. चटपटे करेलों के स्टफ परांठे

सामग्री

* 2 करेले (बिना छीले) कद्दूकस किए हुए
* 1 कच्चा आम छिला और कद्दूकस किया हुआ
* 3 कटोरी गेहूँ का आटा
* 2 हरी मिर्च कटी हुई
* अदरक कटी हुई
* 2 प्याज का पेस्ट
* 1 करछी भुना हुआ बेसन
* सरसों का तेल मसाला तैयार करने के लिए

मसाले

* नमक स्वाद के अनुसार
* 1 चम्मच लाल मिर्च पाउडर
* 1 चम्मच पिसा हुआ धनिया पाउडर
* 1 चम्मच पिसी सोंफ
* आधा चम्मच हल्दी पाउडर
* साबुत जीरा
* आधा चम्मच हाथों से मसला हुआ अजवाइन

विधि

1. सबसे पहले बेसन को 1 चम्मच तेल डालकर हल्की आंच पर थोड़ा गुलाबी रंग का भूनकर रख लें।

2. अब कद्दूकस किए हुए करेले लें और उनमें आधा चम्मच नमक लगाकर मिक्स करके 20 मिनट तक रख दें।
3. तीन कटोरी गेहूँ का आटा गूंथ कर रख लें। रोटी के जैसा।
4. अब परांठे के लिए मसाला तैयार करेंगे - इसके लिए एक बर्तन में कद्दूकस किए हुए करेले को अच्छे से धो कर निचोड़ कर डाल दें।
5. इसके बाद कद्दूकस किया हुआ आम, ऊपर लिखे सभी मसाले, भुना हुआ बेसन, अदरक, हरी मिर्च, प्याज, सबको पीस कर डाल दें। फिर जीरा, अजवाइन, भी डाल दें और मिक्स करके रख दें।
6. अब एक कढ़ाई में 1 करछी तेल डालकर अच्छी तरह से गरम हो जाने पर हल्की आंच पर इस मसाले को डाल कर 2 मिनट के लिए भूनें। फिर एक प्लेट में निकाल कर ठंडा हो जाने पर परांठे बनायें।
7. **परांठे के लिए** गुंथे हुए गेहूँ के आटे की लोई तोड़ कर रख लें, जितना बड़ा परांठा आप बनाना चाहते हैं।
8. अब एक लोई को लेंगें और चकले पर सूखे आटे को लगाकर थोड़ा सा बेलकर, करेले के मसाले को एक चम्मच से करीब (1 ½ चम्मच) लेकर बिली लोई में रख कर थोड़ा सा फैलाकर, सूखा आटा छिड़क कर, लोई को घुमाकर गोल आकार की करके फिर से सूखे आटे से बेल लें।
9. एक लोहे का तवा गरम हो जाने पर तवे पर तेल लगाकर अब परांठा तवे पर डालकर अच्छी तरह से पक जाने पर पलट कर फिर थोड़ा सा पकने पर सरसों के तेल को लगाकर दबा-दबा कर लाल रंग का सेक लें। ऐसे ही सारे बना लें।

बन गया हमारा करेले के मसाले का पराठा तैयार। इसे आप अचार, दही के साथ, चाय के साथ किसी भी समय सर्व कर सकते हैं।

3.7. साबूदाने के भटूरे स्पेशल चटनी के साथ

सामग्री

- 1 कटोरी मखाने
- 2 कटोरी साबूदाना
- 1 चम्मच सफेद तिल
- 1 आलू उबला हुआ या कच्चा
- 1 हरी मिर्चि कटी हुई
- थोड़ा सा हरा धनिया पत्ती बारीक कटा हुआ
- नमक स्वाद के अनुसार
- थोड़ा गरम मसाला
- 1 चम्मच तेल आटे में डालने के लिए

टमाटर चटनी की सामग्री

- 2 टमाटर कटे हुए
- 1 हरी मिर्च
- 1 प्याज कटा हुआ
- नमक स्वाद के अनुसार
- लाल मिर्च पाउडर
- साबुत लाल मिर्च
- 5 करी पत्ते
- 1 चम्मच चने की दाल

विधि

1. सबसे पहले भटूरे का आटा तैयार करके रख लें, जिससे वो फूल कर ठीक हो जाये।

2. इसके लिए एक परात में पहले साबूदाना और मखाने को अलग-अलग थोड़ा सा कढ़ाई में 2 मिनट के लिए चला लें हल्की आंच पर जिससे नमी निकल जाये।
3. अब ठंडा हो जाने पर दोनों को अलग-अलग पीस कर आटा बना लें और एक परात में निकाल लें। उबले आलू को कद्दूकस कर के डाल लें।
4. इसके बाद 2 चम्मच तेल डाल कर थोड़ा सा नमक, थोड़ी सी चीनी और थोड़ा सा खाने वाला सोडा डालकर, इसे गूंथ लें, रोटी के आटे जैसा। जरूरत लगे तो सूखा चावल का आटा लगा सकते हैं।
5. अब तेल के हाथ से ठीक करके ढक कर 10 मिनट के लिए रख लें।

चटनी

1. अब पहले 1 चम्मच तेल में 3 साबुत लाल मिर्च भून कर रख लें।
2. फिर एक फ्राईपैन में 2 चम्मच तेल डालकर अच्छी तरह से गरम हो जाने पर दरदरी चने की दाल हल्की भुन जाने पर राई डालकर चटकने पर कढ़ी पत्ता काट कर डालें।
3. इसके बाद अब तिल, अदरक, हरी मिर्च डाल कर मिक्स करे। आंच हल्की रखें।
4. अब कटा हुआ प्याज डाल कर भून लें, फिर कद्दूकस किया हुई टमाटर, हरा धनिया पत्ती भी डालकर मिक्स करें। नमक स्वाद के अनुसार और आधा चम्मच लाल मिर्च पाउडर डालकर अच्छी तरह से भून लें 2 मिनट तक।
5. जब चटनी गाढ़ी होने लगे तो गैस बन्द करके चटनी काँच के बर्तन में निकाल कर रख लें।
6. आखरी में चटनी में जो साबुत लाल मिर्च भून कर रखी है उन्हें तोड़ कर डाल लें।

भटूरे

1. भटूरे बनाने के लिए गुंथे हुए आटे को ठीक करके लोई तोड़ कर रख लेंगें। (पूरी से थोड़ी बड़ी)

2. अब एक कढ़ाई में घी या तेल गरम हो जाने पर बेलन की मदद से थोड़ा चावल का आटा लगा कर लंबे नान की तरह से बेल कर कढ़ाई में तल कर निकाल लें। (थोड़ा लाल रंग का।)

हो गये स्पेशल मखाने और साबूदाने के भटूरे, टमाटर की चटनी के साथ। इन्हें आप गरम, गरम ब्रत या बिना ब्रत के सर्व कर सकते हैं।

3.8. पोहे और आलू के क्रिस्पी परांठे

सामग्री

* 2 बड़े उबले आलू कद्दूकस किए हुए
* 2 कटोरी पोहा पिसा हुआ
* 1 करछी गेहूँ का आटा
* 1 करछी बेसन
* 1 करछी सूजी
* 1 करछी घी मोमन के लिए
* अदरक, हरी मिर्च हरा धनिया पत्ती बारीक कटा हुआ (जिससे पंराठे फटे नहीं)
* घी बनाने के लिए

मसाले

* नमक स्वाद के अनुसार
* आधा चम्मच लाल मिर्च पाउडर
* 1 चम्मच किचन किंग मसाला
* 1 चम्मच धनिया पाउडर
* 1 चम्मच सांभर मसाला
* थोड़ा सा गरम मसाला
* एक चुटकी हींग

विधि

1. परांठे बनाने के लिए सबसे पहले पोहे को छान कर पीस लें। बिल्कुल आटे जैसा पीसना है।

2. अब एक परात में पिसा पोहा, सूजी, बेसन, गेहूँ का आटा मिला कर मिक्स करें। इसमें मोमन का घी डालें।
3. फिर कद्दूकस किया हुआ आलू और ऊपर लिखे सारे मसाले डाल कर अच्छे से मिक्स करके इसे गूंथ लें रोटी जैसा (जितना जरूरत हो उतना पानी लगा कर आटा गूंथ लें) इसको 15 मिनट के लिए ढक कर रख लें।
4. अब आटे को दुबारा लेकर थोड़ा तेल लगाकर आटा ठीक करके लोई तोड़ कर गोल बना कर रख लें।
5. इसके बाद एक लोई को लेकर सूखे आटे से चकले पर बेलें।
6. अब एक लोहे का तवा गरम हो जाने पर घी लगा कर बेला हुआ परांठा डाल लें।
7. 2 मिनट के बाद पराठा पलट कर, घी लगा कर दोनों तरफ से उलट-पलट कर करारा लाल रंग का सेक लें और निकाल कर सर्व कर लें।

बन गया पोहे और आलू का क्रिस्पी परांठा जिसे आप हरी चटनी, दही, अचार के साथ सर्व करें। चाहें तो साथ में चाय भी सर्व करें।

3.9. टेस्टी यूनिक कचोरी

सामग्री

* 8 ब्रेड पीस (किनारे कटे) 4 कचोरी बनाएंगे
* 1 कटोरी उबले हुए मक्का के दाने (स्वीट कॉर्न) स्टफिंग के लिए
* अदरक, हरी मिर्च
* 1 करछी मैदा घोल के लिए
* तेल या घी बनाने के लिए

मसाले

* नमक स्वाद के अनुसार
* आधा चम्मच लाल मिर्च पाउडर
* 1 चम्मच पिसा हुआ धनिया पाउडर
* थोड़ी पिसी सौंफ
* आधा चम्मच खटाई
* 1 चम्मच किचन किंग मसाला
* 1 चम्मच चाट मसाला
* थोड़ा गरम मसाला
* एक चुटकी हींग

विधि

इन कचोरी को बनाने के लिए स्टफिंग सबसे पहले तैयार करके रख लें।

1. सबसे पहले स्वीटकॉर्न के एक कटोरी दाने, 2 हरी मिर्च, थोड़ा अदरक मिक्सी में डालें और अच्छी तरह से दरदरा पीस कर रख लें।

2. अब एक फ्राईपैन में 1 करछी घी, हींग, थोड़ा जीरा मसल कर डालें, फिर पिसे कॉर्न के पेस्ट, सभी ऊपर लिखे मसाले अच्छी तरह से मिक्स करें, हल्की आंच पर भून लें और ठंडा करके बर्तन में निकाल कर इस पेस्ट को मसल कर छोटी-छोटी टिक्की बना कर रख लें।
3. **कचोरी** - अब ब्रेड के पीस को गोल आकार का काटें, किसी गिलास या कटोरी से और किनारों को पीस कर रख लें और एक कटोरे में 1 करछी कॉर्नफ्लोर को पानी से थोड़ा पतला घोलकर रख लें।
4. इसके बाद एक कढ़ाई में तेल या घी डालें और गरम होने रखें हल्की आंच पर।
5. एक प्लेट में ब्रेडक्रम निकाल कर रख लें और मैदे को एक कटोरी में लेकर पानी से थोड़ा गाढ़ा घोल बना कर उसमें थोड़ा सा सांभर मसाला और एक चुटकी नमक, डालकर मिक्स करके रख लें।
6. इतने में कचोरी तैयार कर के रख लें। इसके लिए सारे ब्रेड पीस चकले पर हल्के हाथों से बेल कर पतला करके रख लें।
7. अब एक पीस को चकले पर रख कर स्टफिंग की एक टिक्की को रख कर, थोड़ा सा मैदा वाला घोल, ब्रेड पीस के कोनों पर लगा कर अब ऊपर से दूसरा पीस रख, थोड़ा सा दबा कर चिपका लें।
8. इस तैयार करी कचोरी को कॉर्नफ्लोर में डिप करके फिर ब्रेडक्रम में लपेट कर अच्छी तरह से उलट-पलट के सेक कर लाल रंग की होने पर निकाल लें। ऐसे ही सारी तल लें।

बन गयी कॉर्न की यूनिक कचोरी। इसे आप हरी चटनी, मीठी चटनी के साथ या चाय के साथ सर्व कर सकते हैं।

3.10. लच्छा पराठा

सामग्री

* 3 कटोरी मैदा दो लच्छे परांठो के लिए
* आधा कटोरी सूजी
* मक्खन पराठा बनाने और मोमन के लिए
* थोड़ा सा हरा धनिया पत्ती बारीक कटा हुआ
* हरी मिर्च, अदरक बारीक कटा हुआ (अगर पसंद करते हैं)

मसाले

* स्वाद के अनुसार नमक
* थोड़ी सी काली मिर्च पाउडर
* थोड़ी सी कलौंजी
* 2 चुटकी खाने वाला सोडा

विधि

1. लच्छे परांठे बनाने के लिए सबसे पहले एक परात में मैदा, सूजी, नमक, सोडा और काली मिर्च पाउडर डालकर मिक्स करें।
2. अब 2 चम्मच मक्खन पिघलाकर डालें और फिर से मिक्स करें। आटे को मसल भी लें।
3. इसके बाद थोड़ा सा पानी डालते हुए आटे को गूंथें। (रोटी के आटे जेसा होना चाहिये।) आटे को थोड़ा घी का हाथ लगाकर ढक कर 15 मिनट रख लें।
4. 15 मिनट बाद आटे को मसल करके इसकी बड़ी-बड़ी लोई तोड़ लें। (रोटी से दुगनी बड़ी।)
5. अब चकले पर थोड़ा सूखा मैदा लगाकर थोड़ा मोटा बेल लें।
6. इस बेले परांठे पर पिघला मक्खन लगाना है, सारे में एक ब्रश से लगा सकते हैं।

7. अब इसके ऊपर हल्की सी कलौंजी छिड़क लें और थोड़ा सा दबा लें। इस पंराठे को एक सिरे से पकड़ कर पूरा डबल करके मोड़ लें, फिर मक्खन लगाकर दुबारा मोड़ लें। अब कुछ डालना नहीं है।
8. दोबारा फिर मक्खन लगा कर मोड़ें जब तक बेला परांठा करीब 1 इंच चौड़ी पट्टी बचे तब तक मोड़ें।
9. अब इस पट्टी को एक उंगली के साथ मोड़ते हुए टाइट गोल आकार में घुमाते हुए एक चकली की शेप में बना लें। ये हमारे लच्छे पंराठे की लोई बन गई।
10. इसे सूखे मैदा के साथ फिर थोड़ा मोटा धीरे से बेलें, अब बिला पराठा परतों वाला दिखेगा।
11. अब एक लोहे का तवा गरम हो जाने पर बीच की आंच पर मक्खन लगाकर बेला पराठा डालें।
12. 1 मिनट में पलट कर, फिर 1 मिनट बाद मक्खन लगाकर एक पोनी से दबा कर क्रिस्पी सेक लें। बन गया लच्छा पराठा।

यदि चाहें तो इसे बिना मक्खन के पोनी से सेक कर मक्खन बाद में एक तरफ ही लगा कर सर्व करें। और चिमटे से भी गैस पर सेक सकते हैं।

3.11. टमाटर, प्याज की मसाला पूरी

सामग्री

* 2 कटोरी गेहूँ का आटा
* आधी कटोरी सूजी
* आधा कटोरी दही
* घी पूरी बनाने के लिए
* 2 प्याज कटे हुए
* 2 टमाटरों का पेस्ट
* अदरक, हरी मिर्च का पेस्ट
* हरा धनिया पत्ती बारीक कटा हुआ
* 2 चम्मच कसूरी मेंथी

मसाले

* नमक स्वाद के अनुसार
* आधा चम्मच लाल मिर्च पाउडर
* 1 चम्मच पिसा हुआ धनिया पाउडर
* आधा चम्मच पिसी हुई सौंफ (छान कर)
* 1 चम्मच किचन किंग मसाला
* 1 चम्मच सांभर मसाला
* 1 चम्मच चाट मसाला
* एक चुटकी हींग

विधि

1. सबसे पहले एक परात में आटा और सूजी डालकर मिक्स करें।

2. अब 2 चम्मच घी, ऊपर लिखे गए सारे मसाले डालकर अच्छी तरह से मिक्स करें।
3. इस आटे में पिसा हुआ टमाटर पेस्ट, प्याज, हरा धनिया पत्ती और कसूरी मेंथी डालकर मिक्स करके अब लास्ट में दही डालकर आटा गूंथ लें। (जैसा पूरी का गूंथना होता है।) अब तेल का हाथ लगाकर 25 मिनट के लिए ढक कर रख लें।
4. 25 मिनट बाद पूरी बनाने के लिए इस आटे को मिक्स करके इसकी छोटी-छोटी लोई बनाने के बाद एक लोई को चकले पर थोड़ा तेल लगा कर बेलकर प्लेट में रख लें। ऐसे ही सारी पूरी बेलकर या 8-10 बेलकर फिर दुबारा बेलें।
5. अब एक कढ़ाई में घी डालकर अच्छी तरह से गरम हो जाने के बाद बीच की आंच पर 2, 2 पूरी डालकर लाल क्रिस्पी तल कर, गरम ही सर्व करें।

बन गयी मसाला पूरी। इसे चाय, अचार, हरी चटनी, मीठी चटनी या आलू की सब्जी के साथ सर्व कर सकते हैं।

3.12. मूंग दाल की खस्ता कचोरी

सामग्री

* 2 कटोरी गेहूँ का आटा
* आधा कटोरी चावल का आटा
* आधा कटोरी सूजी
* 250 ग्राम मूंग दाल (बाजार की नमकीन और मसाले वाली)
* अदरक, हरी मिर्च, हरा धनिया पत्ती बारीक कटा हुआ
* तेल बनाने के लिए
* 1 करछी घी मोमन के लिए

मसाले

* नमक स्वाद के अनुसार
* आधा चम्मच चाट मसाला
* आधा चम्मच किचन किंग मसाला
* आधा चम्मच पिसा हुआ धनिया पाउडर
* आधा चम्मच पिसी हुई सोंफ
* 2 चुटकी अजवाइन (मसल कर)

विधि

1. खस्ता कचोरी बनाने के लिए सबसे पहले एक परात में आटा, सूजी, चावल का आटा डालकर मिक्स करें।
2. अब आधा चम्मच नमक डालें। ज्यादा नहीं बाकी स्टफिंग में भी है।
3. इसमें मोमन का घी डालकर सब अच्छी तरह से मिक्स करें।

4. अब सादा पानी से आटे को गूंथें, पूरी, कचोरी जैसा और करीब 20 मिनट के लिए आटे को थोड़ा सा तेल लगा कर ढक कर रख लें।
5. कचोरी बनाने के लिए अब स्टफिंग बना लें।
6. इसके लिए नमकीन वाली मूंग दाल को मिक्सर जार में डाल कर दरदरी पीस कर एक बर्तन में डालकर रख लें।
7. अब एक फ्राईपैन लेकर उसमें पिसी हुई दाल को डालकर सिम गैस पर भूनें। इसमें तेल या घी नहीं डालना है, ये खुद ही चिकनी होती है।
8. हल्की भुनने के बाद इसमें ऊपर लिखे गए मसाले डालें। नमक नहीं डालना है। कटी हुई सामग्री भी डालें और थोड़ी देर भूनकर एक बर्तन में ठंडी कर लें। ज्यादा लाल ना भुने।
9. अब आटे को लेकर दुबारा मसल कर ठीक करके रोटी की लोई जैसी लोई तोड़ कर रख लें। हाथ पर तेल लगा कर लोई को लेकर दबाकर चौड़ी बना लें, फिर एक चम्मच से दाल की स्टफिंग भर कर लोई को चारों तरफ़ से बन्द करके हाथों की उंगलइयों से दबाकर थोड़ी सी चौड़ी कर लें, पर कचोरी को मोटा ही रखना है।
10. एक प्लेट पर तेल थोड़ा सा मल कर अब जैसे एक कचोरी बनाई है वैसे ही और बना लें। एक बार में 8-10 बनाकर रख लें।
11. अब एक कढ़ाई में तेल, कम आंच पर अच्छी तरह से गरम करें। तेल गरम हो जाये तो गैस सिम करके, कचोरी डालें। एक बार में 4 ही।
12. कचोरी उलट-पलट कर लाल क्रिस्पी सेक कर रख लेंगें। ऐसे ही सारी हल्की आंच पर ही सेक कर रख लें।

ये कचोरी आप 8-10 दिन रख सकते हैं। क्योंकि स्टफिंग भुनी हुई है, तो खराब नहीं होगी।

बन गयी आटे और मूंग दाल की स्टफिंग वाली खस्ता कचोरी।

इन्हें आप हरी चटनी, मीठी चटनी या आलू की सब्जी के साथ सर्व करें साथ में चाय भी। ये कचोरी रूखी भी खा सकते हैं।

3.13. नवरात्री के लिये आलू पुदीना का मसाले दार परांठा

सामग्री

* 2 कटोरी कुट्टू का आटा
* 1 करछी सामक के चावल का आटा
* 2 आलू उबले और कद्दूकस किये हुए
* 2 अरबी उबली और कद्दूकस की हुई
* अदरक, हरी मिर्च का पेस्ट
* 1 करछी भर कर पिसा हुआ पुदीना (ज्यादा भी डाल सकते हैं)
* घी पराठा बनाने के लिए

मसाले

* सेंधा नमक स्वाद के अनुसार
* 1 चम्मच काली मिर्च पाउडर

विधि

1. इस पंराठे को बनाने के लिए सबसे पहले एक परात में कुट्टू का आटा, 1 करछी सामक के चावल का आटा, पिसा हुआ पुदीना, अदरक, हरी मिर्च, नमक, काली मिर्च, हींग डालकर मिक्स करें।
2. अब अरबी, आलू कद्दूकस किये हुए डाल कर आटे को अच्छी तरह से मिक्स करके गूंथें। जरूरत हो तो और आलू डाल लें। पानी नहीं लगाना है बिल्कुल भी, पूरा आटा ऐसे ही है और थोड़ा कड़ा ही गूंथना है। ये थोडी देर में ही ढीला हो जाता है। आटे में घी का हाथ लगाकर ठीक करके रखना है।
3. इस आटे को गूंथते के साथ ही पंराठे बना लें। वरना पतला हो जाएगा, फिर नहीं बनेंगे।

4. बीच की आंच पर अब लोहे का तवा गरम हो जाने पर घी लगा लें।
5. इतने में आटे की एक लोई पंराठे के हिसाब से तोड़ लें और कुट्टू का सूखा आटा लगा कर बेल लें और तवे पर डालें।
6. अब 2 मिनट बाद पलट लें, फिर घी लगाकर दबा कर सेक लें और एक बार फिर पलट कर घी लगाकर लाल करारा सेक लें और सर्व करें।

बन गया ब्रत का कुट्टू, पुदीने और आलू का पराठा। इसे ब्रत की आलू की सब्जी, हरी चटनी या दही के साथ सर्व कर सकते हैं।

3.14. सूजी और दही का नाश्ता छोटे चीले, बड़े

सामग्री

* 2 कटोरी सूजी
* आधा कटोरी चावल का आटा
* तेल चीले/बड़े बनाने के लिए
* आधा कटोरी दही
* अदरक, हरी मिर्च, हरा धनिया पत्ती बारीक कटा हुआ
  यदि चीला बनाना है तो मिक्स बारीक कटी हुई सब्जी भी डाल सकते हैं
* आधा चम्मच खाने का सोडा
* राई, करी पत्ते का छौंक
* थोड़ा कद्दूकस किया हुआ गोला

मसाले

* नमक स्वाद के अनुसार
* आधा चम्मच काली मिर्च पाउडर
* 1 चम्मच किचन किंग मसाला
* 1 चम्मच चाट मसाला
* 4 लाल मिर्च साबुत काट कर

विधि

1. बड़े बनाने के लिए पहले एक बर्तन में सूजी, चावल का आटा डालकर मिक्स करें।
2. अब दही, कटा हुआ अदरक आदि डाल कर थोड़े से पानी के साथ गाढ़ा पेस्ट बनाकर रख लें।

3. 10 मिनट के बाद पेस्ट को फिर से मिक्स करें। फिर 1 चम्मच तेल डालकर अच्छी तरह से दोबारा मिक्स करके देख लें की पेस्ट कटलेट के पेस्ट जैसा हो।
4. अब इसमें ऊपर लिखे गए मसाले भी डाल लेंगें और मिक्स करके रख लेंगें। एक कटोरी में पानी लेंगें या तेल से भी बना सकते हैं।
5. एक कढ़ाई में तेल डालकर अच्छी तरह से गरम हो जाने पर एक हाथ में पानी थोड़ा सा या तेल लगा कर, रोटी की लोई जितना पेस्ट लेकर गोल टिक्की बनाकर, एक उंगली से बीच में से छेद करके और दूसरे हाथ से लेकर कढ़ाई में डाल लें। ऐसे ही एक बार में 4-5 डालकर लाल रंग के सेक कर निकाल कर सर्व करें।
6. ऐसे ही सारे पेस्ट के बना लें।

बन गए सूजी और चावल के आटे के बड़े। इन्हें कभी भी आप सॉस, हरी चटनी और चाय के साथ सर्व करें।

चीला

1. इसका चीला बनाने के लिए ऊपर लिखी बारीक कटी हुई कच्ची सब्जी डालकर और पेस्ट को थोड़ा पतला करें और उसे मिक्स करके नॉन स्टिक तवे पर एक करछी से पेस्ट फैला कर मक्खन या घी से सेक कर छोटे चीले बना सकते हैं।

खंड-4

सब्जियाँ

4.1. बेसन की भरवा मिरची

सामग्री

- 15 हरी मिर्च लंबी और मोटी वाली
- 250 ग्राम थोड़ा मोटा वाला बेसन (जो लड्डू में भी इस्तेमाल होता है)
- 1 करछी सरसों का तेल
- 1 कढ़ाई

मसाले

- नमक स्वाद के अनुसार
- 1 चम्मच पिसी हल्दी
- 3 चम्मच दरदरी पिसी सोंफ
- 2 चम्मच पिसा धनिया पाउडर
- 2 चम्मच अमचूर (खटाई)
- सरसों का तेल जरूरत के अनुसार

विधि

1. सबसे पहले कढ़ाई गैस पर रख कर गरम होने पर एक करछी तेल और बेसन उसमें डाल कर हल्की गैस पर भूनना है। लगातार चलाते रहना है जिससे बेसन जले नहीं और उसमें गांठ भी नहीं पड़े।
2. जब थोड़ा लाल हो जाये तो गैस बंद करके, बेसन एक बड़ी प्लेट में निकाल लें। बेसन हल्के तेल में ही भूनना है। यदि कम लगे तो थोड़ा सा और डाल लें।
3. अब मिर्ची धो कर कपड़े से पोछ कर रख लें। इसके बाद सभी मिर्चियों को बीच में से चीरना है।

4. इतने में बेसन ठंडा हो गया होगा। अब बेसन में ऊपर लिखे सभी मसाले, नमक, धनिया, खटाई, हल्दी, सोंफ डालना है। इन्हें अच्छी तरह से मिलना है थोड़ा सा तेल डालकर। मसाला तैयार हो गया अब।
5. चिरी हुई मिर्चियों में ये मसाला भरें। ज्यादा नहीं जितना ठीक से आ जाये। भरी मिर्चियां बनाने के लिए तैयार हैं।
6. अब कढ़ाई गैस पर रखें और एक मिडियम साईज की करछी से सरसों का तेल डालें। गरम होने पर मिर्च डालें। छौंक में सिर्फ तेल डालना है। मिर्ची को प्लेट से ढकें और एक मिनट में सभी मिर्चियां पलटें। यदि तेल कम हो तो थोड़ा और डालें।
7. ऐसे ही दुबारा पलटें। अब मिर्ची ढकें नहीं।
8. सब्जी तैयार है। इसे किसी कांच के बर्तन में निकालें।

इसे खाने के साथ या मठरी से खा सकते हैं। इसे फ्रिज में रख कर 8-10 दिन इस्तेमाल कर सकते हैं। ये बरसात के मौसम में ज्यादा अच्छी लगती है।

4.2. बैंगन को डीप फ्राई करके बैंगन का भुर्ता

सामग्री

* 2 गोल बैंगन जामनी रंग के या लंबे थोड़े मोटे वाले भी ले सकते हैं
* 4 बड़े साईज के लाल टमाटर कटे हुए
* 3 बड़े प्याज (यदि न खाते हो तो ना डालें) कटे हुए
* थोड़ी हरी मिर्च, अदरक, हरा धनिया बारीक कटा हुआ
* थोड़ी सी हरी मटर के दाने उबले हुए
* नमक स्वाद के अनुसार
* लाल मिर्च पाउडर स्वाद के अनुसार
* 5 चम्मच पिसा धनियां पाउडर
* 1 चम्मच या स्वाद अनुसार पिसी खटाई
* 2 चम्मच किचन किंग मसाला
* थोड़ा सा सरसों का तेल
* एक कढ़ाई भुर्ता बनाने के लिए

विधि

1. सबसे पहले बैंगन अच्छे से धो कर उन्हें बिना छिले गोल चिप्स में काट लें। यदि लंबा बैंगन है। अगर मोटा गोल है तो 4 लंबी फांक करें और फिर हर फांक को चिप्स की तरह काटे। बैंगन कोई भी हो पर चिप्स थोड़ा मोटा हो।
2. अब इन चिप्स को 10 मिनट कपड़े पर सुखाना है। या तो पंखे में या ऐसे ही।
3. जितने में बैंगन सूखेगा उतने में प्याज और टमाटर को बारीक काट कर रख लें। हरा धनिया, हरी मिर्ची, अदरक भी काट कर रख लें।
4. अब कढ़ाई में तेल डाल कर गैस पर गरम होने रख देंगे। तेल गरम होने पर बीच की आंच पर सभी चिप्स तल कर, बैंगन को अच्छा ब्राउन सेकना है।

5. भुर्ता बनाने के लिए गैस पर एक कढ़ाई रखें। पहले थोड़ा तेल डालें, जितने में प्याज ठीक से भुन जाये। तेल में छौंक के लिए कुछ नहीं डालना है। प्याज भुन जाने पर टमाटर, कटा अदरक हरी मिर्च, डाल कर सिम गैस पर चलाना है।
6. करीब 1 मिनट के बाद ऊपर लिखे सभी मसाले डाल कर अच्छी तरह से 2 मिनट तक चलाना है।
7. अब तले हुए बैंगन के चिप्स कढ़ाई में डालें और उसको सिम से थोड़ी तेज गैस पर खूब भूनें।
8. इसके बाद हरी मटर के दाने डालें।
9. जब तक सब्जी तेल ना छोड़े और वो बिल्कुल भरता न बन जाए भूनते रहें।
10. अब भुर्ता तैयार हो गया है। इसमें थोड़ा सा पिसा अमचूर डालें और मिक्स करें।
11. डोंगे में बैंगन के भुरते को निकालें और ऊपर से थोड़ा सा कटा हुआ हरा धनिया डालें और खाने के साथ सर्व करें।

4.3. बेसन के तीखे गट्टे की सब्जी

सामग्री

* 2 कटोरी बेसन
* 2 चम्मच सरसों या रिफाइंड तेल बेसन में डालने के लिए
* नमक स्वाद के अनुसार

मसाले

* धनियां पाउडर
* लाल मिर्च
* आधा चम्मच सोंफ
* 2 चुटकी गरम मसाला
* हल्दी रंग के अनुसार,
* नमक स्वाद के अनुसार
* 1 चम्मच सांभर मसाला
* हींग और अज्वाइन छौंक के लिये
* 3 टमाटर
* 1 बड़ी कटोरी गाढ़ा दही
* अदरक, हरी मिर्च हरा धनिया पत्ती बारीक काटे हुए

गट्टे बनाने की विधि

1. सबसे पहले बेसन को एक परात में डाल लें।
2. अब उसमें 2 चुटकी अजवाइन, थोड़ा नमक, बहुत कम हींग और 2 चम्मच तेल डालें।

3. सारे बेसन को अच्छी तरह से मिला लें और पानी थोड़ा-थोड़ा सा डाल कर बेसन को गूंथे। बहुत टाइट न हो लगभग पूरी के आटे जैसा।
4. इस गूंथे हुए बेसन को 10 मिनट तक ढक कर रख दें।
5. इतने में गट्टों को उबालने की तैयारी करें।
6. एक भगोने में करीब 2 गिलास पानी डाल कर गरम होने गैस पर हल्की आंच पे रख दें।
7. अब सारे बेसन की पूरी जैसी लोई बनाकर रख दें। अब आप यदि सादे गोल गट्टे बनाना चाहते हैं तो लोइयों को लंबा-लंबा चकले पर बना ले थोड़ा सा तेल की मदद से और उसके गोल-गोल पीस काट लें।
8. हर लोई को चकले पर बेलन से गोल बड़ा रोटी जैसा बना लें, फिर उसकी लंबी पट्टी काट ले।
9. हर पट्टी को अपनी हाथ की एक उंगली पर थोड़ा घूमा कर उंगली से चिपका कर निकल कर थाली में रखें। सारे ऐसे ही बना लें।
10. अब गरम होते पानी में 6 पीस गट्टे डाल दें। करीब पांच मिनट में गट्टे उबल जाएंगे। उनका रंग बदलने लगेगा।
11. ऐसे ही सारे गट्टे उबालकर रखना है।

गट्टे की सब्जी बनाने की विधि

1. अब टमाटर, अदरक और हरी मिर्च को मिक्सर में बारीक पीस लें।
2. दही को भी इसी में डाल कर चला दें। इस पिसे हुए मसाले को एक बर्तन में निकाल लें।
3. अब एक कुकर सब्जी बनाने के लिए गैस पर रख दें और 2 कलछी घी, थोड़ी सी हींग और आधा चम्मच अजवाइन डालें।
4. अजवाइन गरम हो जाने पर कुकर में पिसा टमाटर और ऊपर लीखे सूखे सभी मसाले डालें और हल्की आंच पर मसाले को भूनें। जब तक थोड़ा घी ना छोड़ने लगे।
5. अब इसके बाद गट्टे कुकर में डाल दें और करीब 1 गिलास पानी डाल कर चलायें। यदि पानी कम लगे तो और डालें, जितनी गाढ़ी आप सब्जी रखना चाहें, उससे

आधा गिलास ज्यादा डालें क्योंकि सब्जी बनने में पानी कम होगा बेसन के कारण पानी कम हो सकता है।

6. जब कुकर में एक सिटी आ जाये तो गैस 2 मिनट सिम कर दें। जिससे सब्जी अच्छी तरह पक जाये। सब्जी बन जाने पर थोड़ा गरम मसाला डालकर मिला लें।

हो गयी बेसन के गट्टे की सब्जी तैयार। इसे आप खाने में रोटी, पूरी, पराँठे या चावल के साथ परोस सकते हैं। परोसते समय डोंगे में सब्जी के ऊपर धनिया पत्ती डाल दें।

4.4. स्पेशल जायके दार सब्जियों वाली कढ़ी

सामग्री

* मट्ठा या दही कढ़ी बनाने के लिये
* बेसन
* नमक स्वाद के अनुसार
* लाल मिर्च पाउडर
* गरम मसाला
* हल्दी पाउडर
* तेल पकौड़ी तलने के लिए, यदि बनानी है

सब्जियां

* 1 गाजर कटी हुई
* थोड़ी फूल गोभी
* 2 बड़े प्याज कटे हुए
* 1 कटोरी हरी मटर के दाने
* 3 कटोरी कटा हुआ पालक
* अदरक, हरी मिर्च, हरा धनिया पत्ती बारीक कटा हुआ
* 1 मिडियम साईज का आलू कटा हुआ

छौंक की सामग्री

* घी
* राई
* 10 छोटी साबुत लाल मिर्च
* हींग

- 4 लौंग
- 8 काली मिर्च
- 2 तेज पत्ते
- 8-10 डंडी करीपत्ता

कढ़ी बनाने की पहली विधि

1. सबसे पहले सब्ज़ियों को बारीक काट कर अच्छे से धो कर एक भगोने में डाल लें पकौड़ी के लिए। थोड़ी पत्ता गोभी भी डालनी है।
2. अब थोड़ा बेसन, नमक, लाल मिर्ची, अदरक, हरी मिर्च काट कर अच्छे से मिक्स करके छोटी पकोड़ियां तल लें।
3. कढ़ी आधी पकने पर उसमें पकौड़ी डाल दें और फिर थोड़ी देर तक पकने दें।
4. आखिर में गरम मसाला डाल कर मिला लें और परोसते समय हरा धनिया पत्ती डाल दें।

कढ़ी बनाने की दूसरी विधि

कढ़ी एक ही तरीके से बनेगी। बस पकौड़ी का अंतर है।

1. कढ़ी बनाने के लिए पहले, अगर मट्ठा है तो ठीक है नहीं तो दही को बिलो कर थोड़ा पतला बना लें।
2. अब मट्ठे में 3 करछी बेसन डाल कर अच्छी तरह से मिला लें। इतना बेसन एक किलो मट्ठे में डालेंगे। या आधा किलो दही हो।
3. इसके बाद ऊपर लिखी सभी सब्ज़ियों को अच्छी तरह से धो कर बारीक काट लें। सब अलग-अलग रखनी है।
4. अब एक बड़ा कुकर गैस पर कढ़ी बनाने के लिए रखेंगे और उसमें 1 करछी देसी घी डाल दें।
5. इसमें 1 चम्मच भर कर राई, लौंग, तेज पत्ता, काली मिर्च, साबुत लाल मिर्च और थोड़ी हींग डाल दें।
6. जब राई चटक जाये तो करी पत्ता डाल कर गैस बंद कर दें नहीं तो पत्ता जल सकता है।

7. अब 1 मिनट बाद गैस जला लें और फिर कुकर में 2 कटोरी पानी डालें जिससे कढ़ी नीचे नहीं लगे।
8. बेसन घुला मट्ठा अब कुकर में डाल दें और फिर अच्छे से चलायें। जिससे लगे न।
9. जब उबाल आने लगे तो हल्दी, नमक और लाल मिर्च पाउडर डाल दें। अब इसको चलाते रहना है।
10. थोड़ा उबलने पर सारी सब्जी निचोड़ कर डाल दें और उबलने दें।
11. एक बात का ध्यान रखें कि प्याज को छौंक के साथ नहीं भूनेंगे, वरना काफी काला या लाल हो जाता है। उसको अलग कढ़ाई में भूनें और उसी में आलू को डाल कर थोड़ा गला लें।
12. अब दोनो चीज को सब्जी के साथ कढ़ी में डालना है।
13. खूब उबाल कर करीब आधा घंटा सब्जी डालने के बाद कढ़ी तैयार है।
14. अब थोड़ा गरम मसाला पाउडर डालना है।

यदि आप कढ़ी में मिक्स सब्जी ना डाल कर पकौड़ी डालना चाहते हैं, तो ऊपर वाले तरीके से पकौड़ी बनाकर कढ़ी उबलने पर मिक्स सब्जी की जगह पकौड़ी डालकर बना लें।

परोसते समय डोंगे में ऊपर से हरा धनिया पत्ती डाल कर सजायें।

4.5. कुट्टू के आटे की कढ़ी ब्रत के लिये

सामग्री

- दही
- कुट्टू का आटा
- काली मिर्च पाउडर
- सेंधा नमक
- गरम मसाला
- अदरक हरा धनिया पत्ती, हरी मिर्च, बारीक कटा हुआ
- घी
- जीरा छौंक के लिए
- हींग यदि ब्रत में खाते हों
- एक कच्चा केला कद्दूकस हुआ
- एक छोटा उबला हुआ आलू

विधि

1. सबसे पहले पकौड़ी बनाकर रख लें।
2. पकौड़ी के लिये सबसे पहले कच्चे केले को अच्छी तरह से धो कर कद्दूकस कर लें। केले को छीलना नहीं है।
3. अब एक उबला आलू कद्दूकस कर के केले में डाल लें।
4. इसमें ऊपर लिखे मसाले और अदरक हरी मिर्च, डाल लें। गरम मसाला अभी नहीं डालना है। वो कढ़ी बनने पर डालेंगें। अब अच्छी तरह मिक्स करें।
5. अब एक कढ़ाई में घी गरम होने पर छोटी पकौड़ी बनाएं और लाल सेक लें। ज्यादा तेज आंच न हो हल्की रखे वरना पकौड़ी जल जायेगी। यदि पकौड़ी तलने में फैलने लगे तो जरा सा कुट्टू का आटा डाल दें।
6. इन पकौड़ी को पानी में न भिगोये नहीं तो ज्यादा मुलायम हो जायेगी।

कढ़ी की विधि

1. अब दही को थोड़ा पानी डाल कर पतला मट्ठा बना लें और उसमें दही के हिसाब से थोड़ा सा कुट्टू का आटा डाल कर अच्छी तरह से मिक्स कर लें, जिससे गांठ न पड़े।
2. यदि 3 कटोरी दही है तो 2 करछी मिडियम साईज की कुट्टू का आटा डालना है।
3. अब कुकर गैस पर गरम होने पर घी, जीरा, और थोड़ा हींग डालें, यदि ना खाते हों ब्रत में तो नहीं डालें।
4. अब घुला हुआ मट्ठा कुकर में डालकर अच्छे से चलाते रहे। जिससे लगे नहीं कुकर में।
5. इसके बाद नमक, काली मिर्च या लाल मिर्च पाउडर डाल कर चलायें।
6. अब अदरक, हरी मिर्च, बारीक कटी डाल दें।
7. थोड़ी देर पकने पर पकौड़ी डालनी है।
8. पक जाने पर गरम मसाला डालना है। अब कढ़ी तैयार हो गयी है।
9. इसको सर्व करते समय थोड़ा हरा धनिया पत्ती डालना है।

4.6. कद्दू या लौकी के ब्रत वाले कोफ्ते

सामग्री

* 500 ग्राम लौकी या कद्दू
* एक उबला हुआ आलू
* करीब 1 कटोरी कुट्टू या सिंघाड़े का आटा

मसाले

* सेंधा नमक
* लाल या काली मिर्च पाउडर
* धनिया पाउडर
* गरम मसाला
* खटाई पिसी हुई
* 7 काजू तरी बनाने के लिए
* 1 चम्मच पोस्ता दाना
* आधी कटोरी दही

विधि

1. सबसे पहले जिसके भी कोफ्ते बनाने हैं वो लेंगें। दोनो के एक तरह से ही बनेगें।
2. अब कद्दू या लौकी को अच्छी तरह से छील कर कद्दूकस कर लेंगें, ज्यादा मोटा ना हो।
3. इसको 1 चम्मच नमक लगा कर 10 मिनट तक रख देंगें।
4. 10 मिनट बाद अच्छे से निचोड़ कर एक चौड़े बर्तन में डालें और इसमें 1 उबला आलू भी कद्दूकस कर डाल लेंगें।
5. अब काटा गया अदरक हरी मिर्च डालनी है और करीब आधी कटोरी ब्रत वाला कोई भी आटा जो ऊपर लिखा है।

6. इसके बाद नमक, लाल या काली मिर्च पाउडर डालकर मिक्स करें।
7. अब एक कढ़ाई में घी गरम करके छोटे-छोटे पकौड़े डाल कर सेक लें।
8. तरी बनाने के लिए अब काजू को एक कटोरी में 2 टुकड़े करके 3 चम्मच दूध में भिगोकर रख देंगे इसीमें पोस्ता भी भिगो दें।
9. करीब 10 मिनट के बाद मिक्सर या सिल पर पीस लें।
10. तरी के लिए जो 1 उबला आलू बचा है उसको भी कद्दूकस कर के रख लें।

कोफ्ते बनाने की विधि

1. एक कुकर लेकर गैस पर गरम होने रख दें और घी अपने हिसाब से डाल लें छौंक के लिए थोड़ी हींग और जीरा डालें।
2. गरम होने पर गैस बंद करके कुकर में काटा गया अदरक, हरी मिर्चि डालकर चलायें और फिर काजू और पोस्ता की तरी, कद्दूकस किया हुआ आलू और दही डालकर मिक्स करें।
3. अब गैस जला कर हल्की करलें और सेंधा नमक, काली मिर्च पाउडर या लाल, धनिया पाउडर, थोड़ा सा गरम मसाला डाल कर अच्छे से चलाएं और 1 ग्लास से थोड़ा ज्यादा पानी डालकर उबाल लगा कर उसमें कोफ्ते डालकर अच्छे से मीडियम आंच पर करीब 5 मिनट पकाएं। कुकर को बंद नहीं करना है।
4. ब्रत वाले कोफ्ते अब तैयार हैं।
5. 1 चम्मच पिसी खटाई, सब्जी में डालकर चलालें।
6. सर्व करते समय ऊपर से हरा धनिया पत्ती डाल कर सजा दें।

4.7. लसोड़े की सब्जी

सामग्री

* 500 ग्राम लसोड़े
* 3 चम्मच पिसी सौंफ
* 2 चम्मच पिसा धनिया पाउडर
* पिसी लाल मिर्च पाउडर स्वाद के अनुसार
* नमक स्वाद के अनुसार
* बड़े साइज का एक आम
* थोड़ा सा सरसों का तेल
* इसको बनाने के लिए यदि सूखी खटाई डालनी हैं तो डेड चम्मच, नहीं तो ये सब्जी कच्चे आम के साथ ही बनाई जाती है

विधि

1. सब्जी बनाने के लिए सबसे पहले लसोड़ों को अच्छी तरह से धोकर कपड़े से पोंछ कर रख लें। लसोड़ों को काटने के बाद नहीं धोना है, नहीं तो सब्जी बनाने में लस छूटता है और सब्जी सही नहीं बनेगी।
2. अब एक बर्तन में चाकू की मदद से लसोड़ों को 2 टुकड़ों में काटना है और उसका बीज निकालना है।
3. कच्चा आम लेकर उसे छील कर कद्दूकस कर लें।
4. अब एक कढ़ाई लेकर गैस पर गरम होने रख दें और करीब 2 करछी सरसों का तेल डाल दें। तेल गरम होने पर आधा चम्मच जीरा और थोड़ी सी हींग भी डाल दें।
5. इसके बाद ऊपर लिखे सभी मसाले डाल कर सिम गैस पर चलायें और तुरंत ही उसमें कद्दूकस किया आम डालकर चलायें। तेल मसालों के अनुसार देख लें।
6. इसमें कटे हुए लसोड़ों को डाल कर अच्छी तरह से मिलाकर ढक दें और हल्की आंच पर ही पकाएं। थोड़ी-थोड़ी देर में सब्जी को चलाते रहना है।

7. जब सब्जी गली हुई लगने लगे तो गैस बंद करके सब्जी को थोड़ी देर ढकी हुई रखी रहने दें।

हो गयी हमारी लसोड़ों की सब्जी तैयार। इसमें पानी बिल्कुल नहीं डालना है। नहीं तो लस सब्जी में आ सकता है।

जरूरी बात ये है कि इस सब्जी में हल्दी नहीं डलती है और इसको काटने में हाथ चिपकते हैं तो आप इसके लिए या तो सरसों का तेल या पिसा नमक हाथ में लगा सकते हैं।

4.8. कटहल की तरी वाली सब्जी

सामग्री

- 500 ग्राम कटहल
- 4 टमाटर कटे हुए
- 2 मीडियम प्याज (यदि डालना चाहते हैं)
- 2 हरी मिर्च
- थोड़ा हरा धनिया पत्ती, थोड़ा अदरक बारीक कटा हुआ
- आधा कटोरी फ़ेंटा हुआ दही
- 1 चम्मच सूजी
- 1 ब्रेड पीस

मसाले

- नमक स्वाद के अनुसार
- लाल मिर्च पाउडर
- धनिया पाउडर
- गरम मसाला
- हल्दी
- पिसी खटाई
- साबुत जीरा
- 1 चम्मच किचन किंग मसाला
- 1 चम्मच सांभर मसाला
- देसी घी सब्जी बनाने के लिए
- तलने के लिए घी या रिफाइंड तेल कुछ भी ले सकते हैं

विधि

1. सबसे पहले कटहल का छिलका उतारकर उसके छोटे टुकड़े कर लें और जो बीज है उनको छील के लंबे 2 टुकड़े करलें। टुकड़े कटहल के ज्यादा छोटे ना हों। करीब 2 इंच का या थोड़ा सा छोटा हो।
2. अब कटहल को अच्छी तरह से धोलें और एक साफ कपड़े पर थोड़ा सुखाकर रखना है।
3. इसके बाद एक कढ़ाई में घी लें, उसको गरम करके कटहल को थोड़ा लाल तल लें।
4. इतने में टमाटर, प्याज, अदरक, हरी मिर्च, दही और ब्रेड पीस डाल कर मिक्सी में पीस कर रख लें। धनिया पत्ती काट कर रख लें।
5. अब एक कुकर सब्जी बनाने के लिए गैस पर रख दें। घी डालकर गरम होने पर जीरा और हींग डाल लें।
6. कुकर में पिसा हुआ टमाटर का घोल डालें और अच्छे से हल्की आंच पर चलाएं।
7. जब घी छोड़ने लगे तो कटहल कुकर में डाल कर उसमें अपने हिसाब से पानी डालें, जितनी गाढ़ी सब्जी बनाना चाहते हैं। अब 2 सीटी लगाके गैस बंद करदें। सब्जी तैयार है।
8. 4 या 5 साबुत लाल मिर्ची लेकर छोटी कढ़ाई में थोड़ा घी डालकर भून लें।
9. अब कुकर खोल कर उसमें हरा धनिया पत्ती और साबुत भुनी लाल मिर्ची के बड़े-बड़े टुकड़े करके डालें। इससे सब्जी में अच्छा रंग आएगा।
10. सब्जी तैयार हो गयी है सर्व करने के लिऐ।

इसे आप पूरी, परांठे और चावल के साथ सर्व कर सकते हैं।

4.9. कच्चे आम, और आलू की सब्जी

सामग्री

- 500 ग्राम कच्चा आम
- 7 हरी मिर्ची
- 2 मीडियम आलू

मसाले

- छौंक के लिए पंच मसाला
- सरसों का तेल
- नमक स्वाद के अनुसार
- धनिया पाउडर
- पिसी हुई सौंफ
- हल्दी
- 1 चम्मच चीनी

छौंक के पंच मसाले केलिए थोड़ी-थोड़ी पांच चीज लेनी है।

जीरा, मेंथी दाना, राई, कलौंजी, साबुत सौंफ मोटी वाली। पांचों को एक, एक चम्मच मिलाकर रख लें बाद में किसी भी काम में ले सकते हैं।

विधि

1. सबसे पहले आलू को छील कर उसके लंबे टुकड़े कर लें। और अच्छी तरह से धोकर पानी में डाल कर रख लें।
2. अब कच्चे आम की भी बिना छीले लम्बी फांक काट लें। हरी मिर्च के लंबे टुकड़े करलें।
3. एक कढ़ाई गैस पर गरम होने रख दें।

4. इसमें थोड़ा सरसों का तेल, डाल कर गरम हो जाने पर उसमें एक चम्मच पंच मसाला डाल दें।
5. मसाला गरम हो जाने पर तीनों कटी सब्जियाँ धोकर कढ़ाई में डालनी है और ऊपर लिखे सभी मसाले भी डालने हैं, चीनी को छोड़कर।
6. अब सब्जियाँ अच्छे से मिक्स करके ढकना है। बीच में थोड़ी-थोड़ी देर में सब्जी चला दें। पानी नहीं डालना है।
7. यदि सब्जी सूखी लगे तो थोड़ा तेल और दाल दें।
8. जब सब्जी गल जाए तो चीनी डालकर अच्छी तरह से मिक्स करके ढक कर गैस बंद कर दें।
9. थोड़ी देर सब्जी ऐसे ही ढकी हुई रख दें, अच्छी तरह से बन जाएगी।

हो गयी सब्जी तैयार। अब इसे पूरी या परांठे के साथ परोस सकते हैं। ये सब्जी फ्रिज़ में कई दिन चल सकती है और सफर में भी 2-3 दिन खराब नहीं होगी।

4.10. अमरूद की सब्जी

सामग्री

* 4 मीडियम अमरूद
* 2 हरी मिर्च, हरा धनिया पत्ती
* 2 चम्मच चीनी
* 2 चम्मच देसी घी
* चौथाई चम्मच जीरा
* 2 चम्मच पिसा हुआ धनिया पाउडर
* आधा चम्मच हल्दी पाउडर
* चौथाई चम्मच पिसी लाल मिर्च पाउडर
* आधा चम्मच नमक
* थोड़ा सा गरम मसाला
* आधा चम्मच पिसी खटाई

विधि

1. सबसे पहले अमरूद को अच्छी तरह से धोकर उन्हें छील कर उनकी 4 फांक कर लें।
2. अब उन फाकों से बीज को निकालकर उन अमरूद की फांक के छोटे टुकड़े करलें।
3. हरी मिर्च और धनिया बारीक काट कर रख लें।
4. अब सब्जी बनाने के लिए एक कुकर गैस पर गरम होने रख दें और घी डालने के बाद जीरा डालें।
5. जीरा भुनने पर कटी हुई सब्जी और हरी मिर्च भी डालें। हरा धनिया सब्जी बनने पर डालना है।
6. अब ऊपर लिखे मसाले सब्जी में डालने हैं और अच्छे से मिक्स करना है।

7. सब्जी में एक ग्लास पानी डालकर मिला लें। अब कुकर बन्द करके सब्जी में 4 सीटी लगा लें।

8. थोड़ी देर बाद कुकर खोलकर सब्जी में खटाई, चीनी, गरम मसाला, और काटा गया हरा धनिया पत्ती डालें।

हो गयी अमरूद की सब्जी तैयार। इसे आप गरमा गरम पराठों के साथ परोस सकते हैं।

4.11. बेसन की पकौड़ी और आलू की सब्जी

सामग्री

* 300 ग्राम बेसन
* 2 उबले आलू फोड़े हुए
* अदरक, हरी मिर्च, धनिया पत्ती बारीक कटा हुआ
* 2 प्याज कटे हुए
* 5 साबुत लाल मिर्च, हलकी सी कम घी में भुनी हुई
* 4 टमाटर कद्दूकस किए हुए
* 10 किशमिश
* 5 काजू जिन्हें तल कर उनके टुकड़े करके डालेंगें
* 1 चम्मच सूजी
* तलने के लिए सरसों का तेल
* सब्जी बनाने के लिए घी
* आधी कटोरी दही

मसाले

* नमक स्वाद के अनुसार
* 1 चम्मच लाल मिर्च पाउडर
* 2 चम्मच धनियां पाउडर
* थोड़ा गरम मसाला
* 1 चम्मच हल्दी पाउडर
* 1 चम्मच अमचूर पाउडर
* 1 चम्मच किचन किंग मसाला

विधि

1. सबसे पहले आलू उबाल कर रखना है।
2. अब बेसन को एक भगोने में डाल लें। इसमें थोड़ा नमक, आधा चम्मच चाट मसाला और 1 चम्मच गरम सरसों का तेल डालकर पानी से घोलकर फेंटना है। घोल ज्यादा पतला और ना गाढ़ा हो, पकौड़े गोल आकार के बनाने हैं ऐसा घोल हो।
3. इसके बाद एक कढ़ाई में तेल गरम करके सारे बेसन की गोल आकार की पकौड़ी तल कर रखनी है।
4. अब एक कढ़ाई में सब्जी के हिसाब से घी डालकर गैस पर गरम करने के लिए रखनी है।
5. घी गरम हो जाने पर उसमें थोड़ा जीरा और हींग डाल दें और कटा हुआ प्याज डालकर अच्छी तरह से हल्का लाल होने तक भून लें।
6. इसके बाद काटा गया अदरक, मिर्च और सूजी भी डालनी है और थोड़ा चला कर इसमें कद्दूकस हुआ टमाटर डाल दें।
7. अब दही जिसमें सभी मसाले मिलाकर रखे हैं वो डालकर हल्की आंच पर अच्छी तरह से मिक्स करते हुए चलायें जब तक मसाला घी ना छोड़ने लगे।
8. इसमें थोड़ा पानी और डालना है। करीब 2 कटोरी, बाकी आपको जितनी गाढ़ी बनानी हो। साथ ही किशमिश और काजू भी डालने हैं। जिससे वो भी पक जाएं।
9. अब एक कटोरी पानी डाल कर मसाला चलायें और उसमें सभी पकौड़ी डालकर मिक्स करें। जब मिक्स हो जाये तो उबले आलू भी डालना है और मिक्स करना है।
10. इस सब्जी को करीब 5 मिनट पकाकर गैस बंद कर दें। सब्जी बीच की आंच पर पकाएं।
11. सब्जी पक जाने पर थोड़ा गरम मसाला और 1 चम्मच अमचूर पाउडर डालकर मिक्स करनी है।

हो गयी सब्जी तैयार। अब इसे पूरी, चावल या परांठे के साथ सर्व करें। साथ में हरी चटनी हो तो अच्छा है।

सर्व करते हुए सब्जी में ऊपर से काटा गया हरा धनिया पत्ती और भुनी हुई साबुत लाल मिर्च, मोटा चूरा करके डालें।

4.12. अरबी की सब्जी दही के साथ

सामग्री

* 500 ग्राम अरबी (बहुत बड़ी ना हो)
* 2 हरी मिर्च
* 2 लाल मिर्च साबुत
* थोड़ी सी अदरक लंबी कटी हुई
* 1 चम्मच बेसन
* 1 कटोरी दही
* घी सब्जी बनाने के लिए

मसाले

* नमक स्वाद के अनुसार
* लाल मिर्च पाउडर
* 2 चम्मच सूखा धनिया पाउडर
* 1 चम्मच हल्दी, बाकी रंग के अनुसार
* 1 चम्मच किचन किंग मसाला
* 1 चम्मच पिसी हुई खटाई
* छौंक के लिए आधा चम्मच अजवाइन
* एक चुटकी हींग
* 2 लौंग
* 2 काली मिर्च
* 2 तेजपत्ते तोड़कर

विधि

1. सबसे पहले अरबी को उबालकर छीलकर साबुत ही रख लें। अरबी अच्छी तरह से गल जाएं पर घुटे नहीं।
2. अब अदरक, हरी मिर्च, को बारीक काट कर, और लाल मिर्च को थोड़ा सा घी में भून कर मोटा-मोटा चूरा कर के रखना है।
3. दही को एक कटोरे में चम्मच से मिक्स करके थोड़ा पतला कर के उसमें नमक, हल्दी, खटाई, लाल मिर्च पाउडर, धनिया पाउडर डालें। अब इसको 5 मिनट के लिए रखना है।
4. इतने में एक बर्तन में सारी अरबी को थोड़ा सा दबा कर रखना है।

अरबी का छौंक

1. अरबी बनाने के लिए एक कढ़ाई में 2 बीच की करछी घी डालकर गरम होने रख दें।
2. अब घी में अजवाइन और हींग डालनी है। चटकने पर, लौंग, काली मिर्च, तेज पत्ता डालकर चलाएंगे। अब बेसन भी डालकर भून लें। बेसन डालकर गैस बन्द करदें वरना जल सकता है।
3. गैस सिम करके मसालों वाला दही डालकर अच्छे से घी में मिक्स करना है। थोड़ा आधी कटोरी से कम पानी डालकर चलायें।
4. अब काटा गया अदरक और हरी मिर्च डालनी है। जब मसाला घी छोड़ने लगे तब अरबी डालनी है।
5. इसमें 1 ग्लास पानी भी डालना होगा जिससे सब्जी अच्छे से पक जाये। सब्जी गाढ़ी होने पर इसमें भून कर रखी लाल मिर्च तोड़ कर डालनी है।
6. करीब पांच से सात मिनट सब्जी पकाएं, जितनी गाढ़ी रखनी है, उतना ही पकाएं।

हो गयी हमारी दही वाली अरबी की सब्जी तैयार। इसे पूरी और परांठे के साथ परोसें।

4.13. स्टीम करे करेले की सब्जी

सामग्री

* 6 करेले
* 2 प्याज कटे हुए
* 3 हरी मिर्च काट कर
* 1 टमाटर कटा हुआ
* 1 करछी दही

मसाले

* नमक स्वाद के अनुसार
* लाल मिर्च पाउडर
* 2 चम्मच सौंफ दरदरी पिसी
* 2 चम्मच पिसा हुआ धनिया पाउडर
* 1 चम्मच हल्दी पाउडर
* 1 चम्मच किचन किंग मसाला
* 1 चम्मच सांभर मसाला
* 1 चम्मच पिसी खटाई या
* 1 कच्चा आम कद्दूकस किया हुआ

विधि

1. सबसे पहले करेले धोकर फिर इडली स्टैंड में रख कर 6 मिनट तक सिम आंच पर स्टीम करलें।
2. अब करेले ठंडा होने पर यदि काट कर बनाना चाहते हैं तो गोल आकार के काट कर या एक करेले को लंबे चार टुकड़ों में काट सकते हैं। यदि लंबे काट रहे हैं तो हरी मिर्च भी लंबी ही काटनी है।

3. इसके बाद एक कढ़ाई में सरसों के तेल में हींग, जीरा डालकर ऊपर लिखे सभी मसाले, प्याज, टमाटर, दही, डालकर छौंक कर, ढक कर बनालें।

दूसरा तरीका भरवां करेले का है।

1. भरवां करेले बनाने के लिए स्टीम करे करेले में लंबाई में कट लगालें। अलग टुकड़े नहीं करने हैं।
2. अब पहले मसाला तैयार करने के लिए एक कढ़ाई में 1 करछी सरसों का तेल डालें। फिर हींग, जीरा और प्याज डाल कर भूनेंगे।
3. इसके बाद हरी मिर्च, टमाटर डालें और फिर हल्की आंच पर भूनेंगे।
4. दही और ऊपर लिखे सभी मसाले डालकर अच्छी तरह से मिक्स करें और गैस बंद करके ठंडा होने पर बीच से काटे गये करेले में इस मसाले को भर कर रखलें।
5. करेले अब एक कढ़ाई में तेल डालकर अच्छी तरह से गरम हो जाने पर हल्की आंच पर डालें और चलाकर ढक कर बनाये। करेले मसाला भरकर धागे से बांध दें, मसाला निकलेगा नहीं।
6. बीच में करेले पलट लें जिससे जलें नहीं।
7. सब्जी 5 मिनट में तैयार हो जाएगी।

हो गयी करेले की सब्जी तैयार। इसे रोटी, परांठा, पूरी के साथ सर्व करें।

4.14. अंगूर और मखाने की चटपटी सब्जी

सामग्री

* 2 कटोरी बड़े साइज के अंगूर
* 2 कटोरी तले हुए मखाने
* 5 काजू
* 1 टमाटर
* 1 प्याज
* अदरक, हरी मिर्च हरा धनिया पत्ती बारीक कटा हुआ
* 4 साबुत लाल मिर्च
* 1 चम्मच सफेद तिल
* 1 चम्मच सूजी
* 1 पिसी हुई ब्रेड पीस

मसाले

* देसी घी सब्जी बनाने के लिए
* नमक स्वाद के अनुसार
* सूखा धनिया पाउडर
* काली मिर्च पाउडर
* 4 लौंग
* 1 चम्मच सांभर मसाला
* छौंक के लिए राई, करी पत्ते कटे हुए
* थोड़ा गरम मसाला
* 1 चम्मच किचन किंग मसाला

* 1 चम्मच हल्दी
* 1 करछी दही

विधि

1. सबसे पहले मखाने तलकर रखदें।
2. अब अंगूर धोकर साफ करके रख दें।
3. इसके बाद मिक्सर जार में प्याज, टमाटर, ब्रेड को पीस कर रख लें।
4. सब्जी बनाने के लिए एक नॉन स्टिक कढ़ाई में 2 करछी घी डालें। घी अच्छी तरह से गरम हो जाने पर राई डालें। तड़कने पर करी पत्ते, सूजी डालें।
5. अब पिसा हुआ प्याज, टमाटर और ब्रेड के पेस्ट को डालकर हल्की आंच पर अच्छी तरह से मिक्स करके भूनेंगे।
6. इसके बाद तिल, काटा गया अदरक, हरी मिर्च, सभी ऊपर लिखे मसाले और दही डालेंगे और फिर अच्छी तरह से मिक्स करके भूनेंगे।
7. जब मसाला घी छोड़ने लगे तो तरी में 1 गिलास पानी डालें और अब मखाने और अंगूर डालकर अच्छी तरह से मिक्स करके देखना है कि कितनी गाढ़ी सब्जी चाहिए। ये पतली अच्छी नहीं लगती है। इसको 3 मिनट पकाएंगे हल्की आंच पर वरना गल जाएगी और साथ के साथ सर्व करेंगें।

हो गयी सब्जी तैयार। इसे तंदूरी रोटी, नान के साथ या परांठे के साथ सर्व करेंगें।

4.15. अंडे और सोया बड़ी की सब्जी

सामग्री

* 1 कटोरी सोया बड़ी
* 1 बड़ा आलू
* 2 अंडे
* 2 प्याज
* 2 टमाटर
* हरा धनिया पत्ती, हरी मिर्च, अदरक, लहसुन यदि पसंद करते हैं
* नमक स्वाद के अनुसार
* मैगी मसाला
* लाल मिर्च पाउडर
* सूखा धनिया पाउडर
* हल्दी
* सांभर मसाला
* 2 छोटी इलायची
* साबुत दालचीनी थोड़ी सी
* मक्खन, तेल बनाने के लिए

विधि

1. सबसे पहले सोया बड़ी को अच्छे से धोकर तेज गरम पानी में 5 मिनट के लिए भिगोकर ढक कर रखदें।
2. अब 2 टमाटर, 2 प्याज, 2 कली लहसुन, थोड़ा अदरक, हरी मिर्च, 1 करछी दही के साथ दरदरा पीस कर रख लें।
3. इसके बाद अब कच्चे आलू को भी छीलकर छोटे चौकोर टुकड़ों में काट कर रख लें।

4. अब भीगी बड़ियों को छान कर एक बर्तन में निकाल कर रख लें।

5. दोनों अंडों को एक-एक करके फोड़ कर बिना फेंटें बड़ियों के ऊपर फैलाते हुए डालकर करछी से मिक्स करके रख लें।

6. अब सब्जी बनानी शुरू करने के लिए पहले एक कढ़ाई में 11/2 करची तेल डालकर गरम हो जाने पर मीडियम आंच करके कढ़ाई में बड़ियां डालकर अच्छी तरह से उलट-पलट कर हल्के लाल रंग की भूनेंगे। ज्यादा भुनने में जल सकती है। अब इनको उतार कर रख लें।

7. दुबारा से एक कढ़ाई में 1 1/2 करछी तेल डालकर काटे गए आलू पोछ कर हल्के लाल रंग के तल कर बड़ी के साथ रख लें।

8. बचे हुए तेल में 2 छोटी इलायची, थोड़ा जीरा, 3 छोटे से दालचीनी के टुकड़े, पिसा हुआ प्याज टमाटर का पेस्ट डाल कर कम आंच पर अच्छे से भून कर इसमें ऊपर लिखे मसाले भी डालें और 1 कटोरी पानी डालकर अच्छी तरह से गरम हो जाने पर बड़ी और आलू डालकर अच्छी तरह से चलायेंगे।

9. पानी कम लगे तो अपने हिसाब से डाल सकते हैं क्योंकि सब्जी को 5 मिनट तक पकाना है जितनी गाढ़ी तरी रखना चाहते हैं।

10. सब्जी को ढक कर पका लेंगें।

11. सब्जी तैयार हो जाने पर सर्व करते हुए हरा धनिया पत्ती डालकर सर्व करें।

हो गयी बड़ी और अंडे की सब्जी तैयार। इसे आप रोटी, नान, या चावल के साथ सर्व कर सकते हैं। ये चावल के साथ ज्यादा पसंद की जाती है।

4.16. काले चने की स्वादिस्ट सब्जी जो आपने पहले नहीं खायी होगी

सामग्री

- 1 ½ कटोरी काले चने
- 1 करछी बेसन
- 1 करछी सूजी
- अदरक, हरी मिर्च, हरा धनिया पत्ती बारीक कटा हुआ
- 2 प्याज पीसे हुए
- 3 टमाटर पीसे हुए
- छौंक के लिए तेल या घी

मसाले

- नमक स्वाद के अनुसार
- 1 चम्मच लाल मिर्च पाउडर
- 1 चम्मच पिसा हुआ सूखा धनिया पाउडर
- थोड़ा गरम मसाला
- 2 चम्मच किचन किंग मसाला
- आधा चम्मच साबुत जीरा
- 1 चम्मच पिसी खटाई
- 3 लौंग दरदरी कुटी हुई
- 5 काली मिर्च दरदरी कुटी हुई
- 2 तेजपत्ते तोड़कर

विधि

1. काले चने की सब्जी बनाने के लिए पहले चनों को करीब 6 घन्टे के लिए गरम पानी में भिगोना होगा।
2. अब इसके बाद चनों को एक मिक्सर जार में डालकर 2 हरी मिर्च और थोड़ा अदरक डालकर थोड़े से पानी के साथ दरदरा पीस लेंगें। पेस्ट गाढ़ा ही हो, पानी जरूरत के हिसाब से ही डालें।
3. इस पेस्ट को एक चौड़े बर्तन में निकालकर (मिक्सर जार में लगे पेस्ट के साथ प्याज, टमाटर पीसने से सब्जी की तरी गाढ़ी हो जायेगी।) इसमें ऊपर लिखा बेसन, सूजी डालकर अच्छी तरह से मिक्स करके अब थोड़ा सा नमक, और चाट मसाला डालकर नीबू का रस भी डालकर अच्छी तरह से मिक्स करके इस पेस्ट के छोटे लंबे आकर के रोल बनाकर रख लेंगें।
4. अब सब्जी की तैयारी करेंगें। अब एक कढ़ाई में घी डालकर उसे गरम हो जाने पर छौंक के लिए जीरा दरदरा, लौंग, मसाला डालकर अच्छी तरह से मिक्स करके अब तेज पत्ता और बाकी सभी मसाले डालकर अच्छी तरह से कम गैस पर ही चलाकर अब पिसा हुआ टमाटर, प्याज डालकर अच्छी तरह से 2 मिनट तक भूनेंगे।
5. करीब 2 ग्लास पानी डालकर अच्छी तरह से उबलने पर आंच मीडियम करके अब इसमें चने के तैयार किये गए रोल धीरे से डालकर उबलने देंगें।
6. 2 मिनट बाद ढक दें बस 3 मिनट के लिए। इनको पलटना नहीं है वरना टूट सकते हैं। सब्जी को खोलकर करीब 10 मिनट पकाना है।

हो गई काले चने की सब्जी या कोफ्ते की सब्जी तैयार। इसको तंदूरी रोटी, चावल के साथ सर्व करें बहुत स्वादिष्ट लगेगी।

4.17. पालक की सब्जी गटटों के साथ

सामग्री

* आधा किलो पालक
* अदरक, हरी मिर्च, हरा धनिया पत्ती बारीक कटे हुए
* 3 बड़े टमाटर कद्दूकस किए हुए
* 2 प्याज कटे हुए
* सरसों का तेल थोड़ा सा
* घी सब्जी बनाने के लिए
* आधी कटोरी दही
* 1 कटोरी बेसन
* 1 करछी चावल का आटा
* 4 कली लहसुन यदि पसंद करते हैं

मसाले

* नमक स्वाद के अनुसार
* 1 चम्मच लाल मिर्च पाउडर
* 4 साबुत मिर्च, दो टुकड़े करके
* 1 चम्मच पिसा हुआ धनिया पाउडर
* 1 चम्मच गरम मसाला
* 1 चम्मच हल्दी पाउडर
* 1 चम्मच किचन किंग मसाला
* 1 चम्मच पिसी हुई खटाई
* आधा चम्मच काला नमक
* थोड़ी सी काली मिर्च पाउडर

* 2 लौंग
* 2 तेज पत्ते
* थोड़ा सा दाल चीनी का टुकड़ा
* हींग थोड़ी सी
* आधा चम्मच अजवाइन

विधि

1. सबसे पहले पालक को साफ करने के बाद बारीक काट कर अच्छे से धो कर छलनी में रख दें।
2. अब इस पालक को 2 जगह आधा-आधा कर लें। पहले आधे पालक को इस्तेमाल करेंगे।
3. पालक को एक बर्तन में डालकर उसमें बेसन और चावल का आटा डालकर अब थोड़ा सा नमक, काला नमक, काली मिर्च पाउडर, गरम मसाला और काटा गया हरा धनिया पत्ती डाल लें। अब मिक्स करके रख देंगें थोड़ी देर के लिए।
4. अब बचे हुए पालक को बनायेंगे। सबसे पहले एक कढ़ाई में सब्जी बनाने के लिए 2 करछी घी, आधा चम्मच अजवाइन, हींग अच्छी तरह से गरम हो जाने पर लौंग, तेज पत्ता, दालचीनी डालकर गरम हो जाने पर प्याज को डालकर भून जाने पर कसा हुआ टमाटर, ऊपर लिखे सभी मसाले डालकर अच्छी तरह से मिक्स करके सिम गैस पर अब दही मिक्स करके अब हरी मिर्च, अदरक, काटा गया भी डालना है।
5. मसाला भुन जाने पर 1 गिलास पानी डाल दें और उबाल आने पर बचे हुए पालक को डालकर अच्छी तरह से 5 मिनट तक पकाना है।
6. इतने में गट्टे तैयार कर लें। लेकिन सब्जी की गैस बंद नहीं करनी है। वो सिम पर पकती रहेगी।
7. अब तैयार किया हुआ पालक का पेस्ट लेकर उसमें आधा करछी तेल डालकर अच्छी तरह से मिक्स करके अब इस पेस्ट के छोटे-छोटे लंबे रोल की तरह से गट्टे तैयार करके रख लें। इन गटटों को स्टीम नहीं करेंगे।
8. इनको जो पालक की सब्जी पक रही है उसमें मीडियम आंच पर ही सभी गटटों को डाल दें एक-एक करके।

9. सब्जी को 10 मिनट पकाना होगा यदि पानी कम हो तो और डालें जितना गाढ़ा आप चाहते हैं सब्जी को।
10. पकने पर खटाई, हरा धनिया पत्ती डालकर अच्छी तरह से मिक्स करके गैस बन्द करके सब्जी सर्व करें।

हो गयी पालक के गटटों की सब्जी तैयार। इसे आप सुबह या शाम को तंदूरी रोटी, परांठा, चावल, सादी रोटी के साथ सर्व कर सकते हैं।

4.18. तोरई और पनीर की सब्जी

सामग्री

- 500 ग्राम तोरई
- 2 प्याज
- अदरक
- 2 टमाटर
- 2 हरी मिर्च
- 200 ग्राम पनीर के छोटे-छोटे टुकड़े
- घी बनाने के लिए
- हरा धनिया पत्ती

मसाले

- नमक स्वाद के अनुसार
- एक चम्मच लाल मिर्च पाउडर
- 2 चम्मच पिसा हुआ धनिया पाउडर
- 1 चम्मच पिसी हुई हल्दी
- आधा चम्मच पिसी खटाई
- 1 चम्मच किचन किंग मसाला
- 2 लौंग
- आधा चम्मच जीरा
- एक चुटकी अजवाइन

विधि

1. सबसे पहले तोरई को छीलकर गोल या थोड़े से लंबे टुकड़ों में काट कर रखदें, जैसी पसंद हो।
2. अब पनीर को छोटे टुकड़ों में काट कर या तो तल कर रख दें या फिर कच्चा, जैसा चाहें।
3. एक कढ़ाई को गरम करने के लिए रखदें और 1 करछी घी डाल दें, घी गरम हो जाने पर छौंक के लिए जीरा, अजवाइन, लौंग डाल दें।
4. चटकने पर कटा प्याज, अदरक, हरी मिर्च भूनें और ऊपर लिखे सभी मसाले और कद्दूकस किये हुए टमाटर डाल कर अच्छी तरह से मिक्स करके दही डाल दें।
5. मसाला भुन जाने पर तोरई को धोकर डाल दें और अच्छी तरह से चलाकर आधा कटोरी पानी डालें।
6. अब 2 मिनट बाद पनीर को डालकर अच्छी तरह से मिक्स करके ढक कर सब्जी को 5 मिनट पकाना है। सब्जी में तरी को आप अपनी पसंद से देख लें। उतना ही पानी डालें, जिसमें अच्छी तरह से पकाएँगे।
7. 5 मिनट बाद, गैस बन्द करके कटा हुआ हरा धनिया पत्ती डाल दें।
8. सर्व करते समय साबुत लाल मिर्च को भून कर हल्के घी में फिर ठंडा होने पर बड़ा-बड़ा तोड़ कर डाल सकते हैं।

हो गयी पनीर और तोरई की सब्जी तैयार। इसको आप रोटी, परांठा, या चावल के साथ सर्व कर सकते हैं।

4.19. बैंगन रोल की सब्जी

सामग्री

* 2 बैंगन लंबे और मोटे वाले
* 2 प्याज कटे हुए
* 3 टमाटर कटे हुए
* अदरक, हरी मिर्च, हरा धनिया पत्ती कटे हुए
  (यदि चाहें तो हरे धनिये के अलावा सब पीस सकते हैं एक साथ)
* आधा कटोरी दही
* 1 बड़ी कटोरी बेसन
* तेल

मसाले

* नमक स्वाद के अनुसार
* 1 चम्मच लाल मिर्च पाउडर
* 2 चम्मच पिसा हुआ धनिया पाउडर
* 2 चुटकी पिसी सौंफ
* 1 चम्मच हल्दी पाउडर
* आधा चम्मच खटाई
* हींग
* गरम मसाला
* 2 चम्मच किचन किंग मसाला
* आधा चम्मच साबुत जीरा

विधि

1. सब्जी बनाने के लिए सबसे पहले बैंगन को धोकर लम्बे पतले चिप्स काट लें।
2. अब बेसन को एक कटोरे में लेकर थोड़ा सा नमक, लाल मिर्च पाउडर और आधा चम्मच किचन किंग मसाला डालकर अच्छी तरह से मिक्स करके, पानी से घोलकर गाढ़ा पेस्ट बनाकर रख लें।
3. एक नॉन स्टिक तवा गरम हो जाने पर तेल लगाकर सारे तवे पर अब बैंगन के चिप्स रख दें, जितने तवे पर आ जाएं।
4. अब सिम आंच पर इन चिप्स को थोड़ा गुलाबी रंग का दोनों तरफ से सेक कर रख दें। ऐसे ही सारे सेक लें।
5. एक कढ़ाई में 1 करछी घी डालकर गरम हो जाने पर हींग और जीरा डालकर चटकने पर पिसा प्याज आदि या काट कर अच्छी तरह से मिक्स करके, दही डालकर ऊपर लिखे गए मसाले डाल दें और अच्छी तरह से भून लें।
6. अब एक गिलास पानी डालकर अच्छी तरह से मिक्स करके तरी को 5 मिनट उबाल आने तक पकने दें।
7. इतने में, बैंगन के चिप्स को तैयार कर लें। इसके लिए सेके गये चिप्स को एक बार में 4-5 को एक बड़ी प्लेट में फैलाकर रख लें।
8. अब बेसन के पेस्ट को हाथ से थोड़ा सा, करीब एक चम्मच लेकर बैंगन की चिप्स पर फैलाकर लगाना है। बेसन लगे चिप्स को धीरे से घुमाते हुए रोल करके रखना है। ऐसे ही सारे चिप्स के रोल बना लें। इन्हें टाइट लपेटेंगे तो खुलेंगे नहीं। या इन रोल में टूथपिक लगा लें।
9. जिस कढ़ाई में तरी का मसाला उबल रहा है उसमें बैंगन के चिप्स रोल, एक-एक करके डाल दें। करछी से नहीं हिलाना है वरना खुल जायेंगा।
10. सब्जी 5 मिनट पकने दें, रोल कड़े हो चुके होंगे और तरी में ऊपर आ जायेंगे। अब गैस बंद करके हरा धनिया पत्ती डाल दें।

हो गयी बैंगन के चिप्स रोल की सब्जी तैयार। इसे आप रोटी, चावल, के साथ सर्व कर सकते हैं।

4.20. अरबी के पत्तों का पतोड़

सामग्री

* कुछ मिडियम साईज के अरबी के पत्ते (ज्यादा छोटे में रोल नहीं बन पायेगा। ज्यादा बड़े में टेस्ट नहीं आ पायेगा।)
* 400 ग्राम बेसन
* थोड़ा सरसों का तेल

मसाले

* नमक स्वाद के अनुसार
* पिसी लाल मिर्च पाउडर
* पिसा धनियां पाउडर
* हल्दी
* थोड़ा गरम मसाला
* खटाई पिसी हुई
* छौंक के लिए अजवाइन और हींग

विधि

1. सबसे पहले अरबी के पत्तों को धोकर रखना है।
2. अब बेसन को एक बर्तन में डाल कर उसमें नमक और लाल मिर्ची डालनी है। इसको अच्छी तरह से मिक्स करके पानी को थोड़ा-थोड़ा डाल कर बेसन मिक्स करें। घोल ज्यादा पतला न हो, थोड़ा गाढ़ा हो।
3. पत्ते को बड़ी थाली पर बिछा कर पत्ते का सीधा हिस्सा ऊपर रखना है। करछी की सहायता से थोड़ा बेसन लगा कर पूरे पत्ते पर फैलादें।
4. अब इस पत्ते को रोल कर लें। बेसन रोल के अंदर की तरफ ही रखना है। ऐसे ही सारे पत्ते तैयार कर लें।

5. एक बड़े भगोने में पानी उबलने रखना है। पानी करीब आधा भगोना हो। वरना बाहर निकल सकता है।
6. जब पानी में उबाल आने लगे तो गैस कम करदें और इस भगोने पर छलनी रख दें, छलनी पर अरबी के पत्तो के बनाये रोल रख दें।
7. एक बार में बराबर-बराबर से लगा कर जितने ठीक से आ जाये और आराम से पलट सकें।
8. अब छलनी में पत्तो के बनाये रोल को एक प्लेट से ढक दें। इन्हें करीब 2 मिनट बाद चिमटे की मदद से पलट दें और ढक दें। फिर दुबारा 2 मिनट बाद पलटना है। जब तक पत्ता गला ना लगे ऐसे ही पलट कर पकाना है। पानी भगोने में कम लगे तो और थोड़ा डाल दें।
9. जब सारे पत्ते पक जाएं तो उन्हें एक थाली में ठंडा होने दें।
10. ठंडे हो जाने पर एक-एक पत्ता पतला-पतला गोल काट लें। सारे पत्ते ऐसे ही काटने हैं।
11. अब एक कढ़ाई को गैस पर गरम होने रखें और थोड़ा सरसों का तेल, आधा चम्मच अजवाइन और थोड़ी हींग डालें।
12. जब अजवाइन गरम हो जाए तो, तेल में ऊपर लिखे सभी मसाले और कटे हुए अरबी के पत्ते भी डालें और एक पोनी की मदद से भूनें।
13. करीब 2 मिनट तक भूनें। यदि कच्चा पन रहा तो गले में तीखा लगेगा और वो नुकसान पहुंचा सकता है।

4.21. घर का बना अंडे का मंचूरियन

सामग्री

- 1 कटोरी मैदा
- 1 कटोरी सूजी
- 4 अंडे
- 4 प्याज कटे हुए
- 4 टमाटर का पेस्ट
- अदरक, हरी मिर्च का पेस्ट
- 4 कली लहसुन की कटी हुई
- आधी कटोरी दही
- 1 शिमला मिर्च कद्दूकस की हुई
- छोटा सा टुकड़ा चीज कद्दूकस किया हुई
- 6 काजू और 1 ब्रेड पीस - 2 चम्मच दूध में पीसे हुए
- 1 चम्मच सफेद तिल
- 1 चम्मच बेसन
- घी बनाने के लिए

मसाले

- नमक स्वाद के अनुसार
- आधा चम्मच काली मिर्च पाउडर
- आधा चम्मच लाल मिर्च पाउडर
- 1 चम्मच पिसा धनिया पाउडर
- 1 चम्मच हल्दी पाउडर
- 1 चम्मच किचन किंग मसाला

* 1 चम्मच चना मसाला
* 1 चम्मच मैगी मसाला
* 3 चम्मच नींबू का रस
* थोड़ा गरम मसाला, छौंक के लिए
* 4 लौंग
* 6 काली मिर्च
* 2 बड़ी इलायची

  (तीनों मोटा दरदरा पीसे हुए - एक के दो टुकड़े)
* थोड़ा सा दाल चीनी का टुकड़ा दरदरा पिसा हुआ

विधि

1. सबसे पहले एक बर्तन में 4 अंडे फोड़ लेंगे, फेटेंगे नहीं।
2. अब सूजी डालकर मिक्स करके थोड़ा नमक, काली मिर्च पाउडर, कद्दूकस की हुई शिमला मिर्च और चीज, मैदा को धीरे से डालकर मिक्स करते हुए आटे की तरह गूंथना है, कड़ा नहीं हो, सॉफ्ट होना चाहिये। जिससे छोटी-छोटी गोली बन जाएं, मंचूरियन के हिसाब से छोटी हों। यदि कड़ा हो तो अंडा और डाल सकते हैं और यदि पतला लगे तो मैदा मिलालें। 5 मिनट बाद इन बॉल्स को कढ़ाई में घी गरम करके हलके लाल रंग के तल कर रख लें।

सब्जी

1. मंचूरियन की सब्जी बनाने के लिए सबसे पहले एक कढ़ाई में 2 करछी घी डालकर अच्छी तरह से गरम होने पर दरदरा मसाला (साबुत वाला), प्याज डालकर भूनें।
2. भुनने पर ब्रेड पीस और काजू का पेस्ट और बेसन को डालें, मिक्स करें जिससे भून जाए।
3. अब टमाटर, ऊपर लिखे सारे मसाले डालें और अच्छे से भुनने पर दही डालकर चलाते हुए भूनें, जब तक घी ना छोड़े।
4. इसके बाद तिल, 1 गिलास पानी डालकर अच्छी तरह से पका कर तरी को देख लेंगें कैसी रखनी है।

5. अब तले हुए रोल डालकर 2 मिनट और पका कर गैस बंद करके नीबू का रस, हरा धनिया पत्ती डालकर सर्व करें। तरी इसकी बॉल्स के साथ गाढ़ी ही होती है।

बन गई हमारी मंचूरियन की सब्जी। इसको आप कोई भी रोटी, चावल के साथ सर्व करें। ये सबको चावल के साथ ज्यादा पसंद आती है।

4.22. आलू का डोसा

सामग्री

* 3 उबले आलू
* अदरक, हरी मिर्च, हरा धनिया पत्ती बारीक कटा हुआ
* राई, करी पत्ते का छौंक
* 1 कटोरी सूजी
* आधा कटोरी चावल का आटा
* आधा कटोरी दही
* थोड़ा सा खाने का सोडा

मसाले

* नमक स्वाद के अनुसार
* 1 चम्मच लाल मिर्च पाउडर
* 1 चम्मच सांभर मसाला
* मक्खन - बनाने के लिए

विधि

1. एक मिक्सर जार में उबले आलू काट कर, सूजी, दही, कटा हुआ सामान डालकर पीस लेंगें। हरा धनिया पत्ती भी पीसना है। जरूरत हो तो पानी डाल सकते हैं।
2. अब इसको एक बर्तन में निकाल कर चावल का आटा डालकर पेस्ट को चीले जैसा बना कर रख लें।
3. 2 चम्मच तेल में राई, करी पत्ते का छौंक बना कर पेस्ट में डाल दें।
4. अब ऊपर लिखे सभी मसाले डाल कर मिक्स करके 10 मिनट के लिए रख दें।
5. अब पेस्ट तैयार है। इसमें आधा चम्मच खाने का सोडा डालकर मिक्स करके डोसा बनायेंगे।

6. डोसा बनाने के लिए एक नॉन स्टिक तवा गरम हो जाने पर मक्खन लगा कर हल्की गैस पर एक करछी भर कर पेस्ट डाल कर पतला फैला दें।
7. अब चारो तरफ मक्खन लगा कर 2 मिनट के बाद पोनी से पलट कर सेकलें यदि मक्खन की जरूरत हो तो और लगा सकते हैं।

बन गया आलू, सूजी का डोसा। यह तो प्लेन डोसा है। चाहें तो स्टफिंग भी लगा सकते हैं। इसे सॉस, हरी चटनी, नारियल चटनी के साथ सर्व करें।

4.23. बेसन, पनीर के स्टफिंग चीले रोल की सब्जी

सामग्री

* 2 कटोरी बेसन
* 1 करछी चावल का आटा
* 3 टमाटर और 2 प्याज का पेस्ट
* अदरक, हरी मिर्च, हरा धनिया पत्ती, करी पत्ते बारीक कटे हुए
* आधा कटोरी पनीर कद्दूकस किया हुई
* आधा कटोरी मिक्स सब्जी कढ़ाई में 3 मिनट के लिए पकाई हुई

  चाहें तो मिक्स सब्जी ना डालें, खाली पनीर, अदरक आदि और उबला हुआ आधा आलू डाल सकते हैं।

मसाले

* नमक स्वाद के अनुसार
* 1 चम्मच लाल मिर्च पाउडर
* 1 चम्मच पिसा हुआ धनिया पाउडर
* थोड़ी सी पिसी सौंफ
* एक चुटकी हींग
* आधा चम्मच राई
* थोड़ा गरम मसाला
* आधा चम्मच पिसी खटाई
* आधा कटोरी दही
* 1 चम्मच किचन किंग मसाला
* 1 चम्मच सांभर मसाला
* 1 चम्मच हल्दी पाउडर
* घी बनाने के लिये

विधि

1. सबसे पहले बेसन के चीले बनायेंगे। इसके लिए एक बर्तन में बेसन, चावल का आटा, हलका नमक, काली मिर्च, एक चम्मच तेल डालकर पानी के साथ घोल बनालें। ज्यादा पतला ना हो और ना गाढ़ा, बीच का हो। घोल को 15 मिनट के लिए रख दें।
2. अब नॉन स्टिक तवा गरम हो जाने पर तवे पर तेल लगा कर घोल को एक करछी से भर कर तवे पर अच्छी तरह से फैला लें। गैस कम ही रखनी है।
3. पनीर के साथ जो भी स्टफिंग तैयार कर रहे हैं, उसे चीले के लंबाई में लगा दें।
4. अब चीले के चारों तरफ़ तेल लगाकर हलके हाथ से एक पलटे से किनारे छुटाते हुए चीले को टाइट गोल लंबा डोसे जैसा रोल बना लें।
5. दूसरा चीला भी इसी प्रकार से सेक कर रख लें।
6. ठंडा हो जाने पर, इन चीलों को करीब 2-3 इंच के टुकड़े करके रख लें।

सब्जी

1. एक कढ़ाई में घी, 2 करछी हींग, राई डालकर चटकने पर प्याज, टमाटर पिसा हुआ डालकर अच्छे से चला कर अब ऊपर लिखे सभी मसाले डाल दें, साथ में दही भी डाल दें।
2. अब सभी को अच्छे से मिक्स करके मसाले को भूनेंगे जब तक घी छोड़ने लगे।
3. अब तरी बनाने के लिए, 1 ½ ग्लास पानी डाल दें। उबाल आने पर हल्की गैस पर 5 मिनट पका कर अब धीरे से चीले के कटे हुए टुकड़ों को एक सर्व करने वाले डोंगे में डाल लें, फिर ऊपर से तरी को अच्छे से फैलाकर डाल दें।
4. अब सब्जी बन गई है। ऊपर से कटा हुआ हरा धनिया पत्ती डाल दें।

हो गयी चीले की सब्जी तैयार। इसको रोटी, परांठे, चावल के साथ सर्व कर सकते हैं।

नाश्ता

चीले के कटे हुए टुकड़े से नाश्ता भी बना सकते हैं।

1. एक कढ़ाई में तेल डालकर गरम हो जाने पर सबुत राई डाल दें और उसके चटकने पर कटे हुए करी पत्ते, अदरक, ऊपर लिखे मसाले, मिक्स करके चीले के कटे हुए टुकड़े डालकर अच्छे से मिक्स करके भूनकर सर्व कर सकते हैं। इस नाश्ते को चाय के साथ, हरी और मीठी चटनी, सॉस के साथ सर्व कर सकते हैं।

4.24. आलू, मखाने की शाही सब्जी

सामग्री

* 2 कच्चे आलू
* 2 कटोरी मखाने
* अदरक, हरी मिर्च पिसा हुआ
* हरा धनिया पत्ती बारीक कटी हुई
* टमाटर, 2 प्याज और 1 ब्रेड का पेस्ट
* 1 चम्मच सूजी
* 1 चम्मच सफेद तिल
* 1 चम्मच बेसन (इन दोनों को आधा कटोरी दही के साथ मिक्स करके रख दें)
* कुछ करी पत्ते बारीक कटे हुए
* घी सब्जी के लिए
* 6 साबुत काजू
* 4 लौंग
* 4 काली मिर्च
* 1 छोटी इलायची
* 1 तेज पत्ता

मसाले

* नमक स्वाद के अनुसार
* 1 चम्मच लाल मिर्च पाउडर
* 2 चम्मच पिसा हुआ धनिया पाउडर
* 1 चुटकी पिसी सौंफ
* 1 चम्मच हल्दी पाउडर

* थोड़ा गरम मसाला
* आधा चम्मच खटाई
* 1 चम्मच किचन किंग मसाला
* 1 चम्मच सांभर मसाला
* 1 चुटकी हींग
* 2 चुटकी साबुत जीरा
* 2 चुटकी अजवाइन

विधि

1. सबसे पहले एक बर्तन में एक गिलास पानी डालकर उसमें प्याज, काजू, टमाटर, लौंग, काली मिर्च, तेज पत्ता, अदरक, 2 साबुत लाल मिर्च, इलायची, सब डालकर 5 मिनट उबालकर ठंडा होने पर अलग निकाल लें। पानी को भी रख लेना है।
2. टमाटर का छिलका हाथ से निकाल लें और मिक्सर जार में पीस लें बिना पानी डाले।
3. अब इस पेस्ट को निकाल कर रख लें।
4. उबले हुए पानी को थोड़ा सा जार में पिसे हुए पेस्ट में डाल दें। बाकी उबला पानी सब्जी में डाल दें।
5. दही में बेसन, सूजी डाल दें और अच्छे से मिक्स करके रख लें।
6. अब कच्चे आलू को छोटे टुकड़ों में काटने के बाद अच्छे से धोकर रख लें।
7. एक कढ़ाई में अब घी डालकर अच्छी तरह गरम हो जाने पर आलुओं को थोड़ा लाल रंग का तल कर रख लें।
8. अब इसी घी में मखाने भी तल कर रख लें।
9. अब सब्जी बनानी शुरू करें। इसके लिए एक कढ़ाई में 1 करछी घी अच्छी तरह से गरम हो जाने पर जीरा, अजवाइन, हींग डाल दें।
10. इसमें पिसा हुआ टमाटर पेस्ट हलकी आंच पर मिक्स करके ऊपर लिखे सभी मसाले डालकर अच्छे से भूनेंगे। जब तक घी छोड़े। अब तिल डालकर मिक्स करके, दही को डालना होगा, फिर से मसाले को भूनेंगे।

11. अब उबला बचा पानी डालें और बाकी 1 गिलास और डालकर उबाल आने पर आलू और मखाने डालकर हल्की आंच पर पकाएंगे, जब तक तरी थोड़ी गाढ़ी ना हो जाये।
12. आख़री में करी पत्ता डालकर 1 मिनट बाद गैस बन्द करके सर्व करने के लिए हरा धनिया पत्ती डाल दें।

हो गयी कच्चे आलू और मखाने की शाही सब्जी तैयार। इसको रोटी, पराठा, चावल, पूरी के साथ सर्व कर सकते हैं।

4.25. भूनकर बनायें करेले की चटपटी सब्जी

सामग्री

* 6 करेले
* 1 कच्चा आम कद्दूकस किया हुआ
* 2 हरी मिर्च, अदरक बारीक कटे हुए
* 2 प्याज कटे हुए
* 1 टमाटर कटा हुआ
* सरसों का तेल बनाने के लिए

मसाले

* नमक स्वाद के अनुसार
* आधा चम्मच हल्दी पाउडर
* 1 चम्मच पिसी सोंफ
* 1 चम्मच पिसा धनिया पाउडर
* 1 चम्मच छौंक के लिए पंच मसाले - साबुत सोंफ, मेंथी, राई, जीरा, कलौंजी, सब मिलाकर

विधि

1. सबसे पहले करेले धोकर कपड़े से पोछ कर रख दें।
2. एक कढ़ाई में तेल डालकर बीच की आंच पर करेलों को थोड़ा लाल रंग का तल कर रख लें।
3. अब करेलों को ठंडा हो जाने पर गोल चिप्स, हल्के मोटे काट कर रख लें।
4. इसके बाद एक कढ़ाई में 1 करछी तेल अच्छी तरह से गरम हो जाने पर पंच मसाला और प्याज डालकर भूनें।

5. प्याज भुन जाने पर अब हरी मिर्च, टमाटर, कच्चा आम कद्दूकस किया हुआ डालकर अच्छे से मिक्स करें।

6. अब तले हुए करेले डालकर अच्छे से करीब दो मिनट भूनेंगे। सब्जी को ढक कर रख दें थोड़ी देर के लिए जिससे सब्जी ठीक हो जायेगी।

बन गई भुनी हुई करेले की सब्जी। इसे आप रोटी, परांठे, पूरी के साथ सर्व कर सकते हैं। ये नई चटपटी सब्जी सबको जरूर पसंद आयेगी।

4.26. प्याज, बेसन के पकौड़ों की स्टीम करके सब्जी

सामग्री

* 3 बड़े प्याज लच्छेदार कटे हुए
* 1 कटोरी बेसन
* हरी मिर्च, अदरक, हरा धनिया पत्ती बारीक कटे हुए
* 3 टमाटर कटे हुए
* आधा कटोरी दही
* 5 काजू
* 1 ब्रेड पीस

मसाले

* नमक स्वाद के अनुसार
* 3 साबुत लाल मिर्च
* आधा चम्मच काली मिर्च पाउडर
* 1 चम्मच पिसा धनिया पाउडर
* 1 चम्मच किचन किंग मसाला
* 1 चम्मच सांभर मसाला
* 1 चम्मच हल्दी पिसी हुई
* 2 लौंग
* 2 छोटी इलायची
* 1 तेज पत्ता तोड़ कर
* थोड़ी सी पिसी सौंफ
* आधा चम्मच लाल मिर्च
* तेल तलने के लिए
* घी सब्जी बनाने के लिए।

विधि

1. सब्जी के लिए प्याज के स्टीम पकौड़ों के लिए पहले एक बर्तन में लच्छेदार प्याज, अदरक, हरी मिर्च बेसन डालें।
2. अब 1 करछी चावल का आटा, नमक स्वाद के अनुसार, आधा चम्मच काली मिर्च पाउडर, 1 चम्मच चाट मसाला, थोड़ी सी हींग डालकर अब अच्छे से मिक्स करके रख लें। पानी जरूरत हो तो डालना है, वरना पकौड़े कड़े बेसन के रखने हैं।
3. अब एक स्टीमर में पानी अच्छी तरह से गरम हो जाने पर स्टैंड में थोड़ा तेल लगाकर, पकौड़ी के पेस्ट में से छोटी-छोटी पकौड़ी गोल आकार की करके स्टैंड के साँचों में लगा कर 10 मिनट स्टीम करके निकाल लें। इस तरह सारी पकौड़ी स्टीम कर लें।

सब्जी

1. सब्जी बनाने के लिए सबसे पहले एक कढ़ाई में 2 करछी घी, हींग और जीरा डाल कर चटक जाने पर कटा हुआ प्याज अच्छी तरह से भुनने के बाद इलायची, लौंग, तेज़ पत्ता तोड़ कर डाल दें।
2. अब कटा हुआ टमाटर, पिसी हुई ब्रेड मिक्स करके, ऊपर लिखे सभी मसाले, दही मिक्स करके भूनें।
3. जब घी छोड़ने लगे तो 2 गिलास पानी डालकर तरी में उबाल आने पर हल्की गैस करके 2 मिनट पकने पर, स्टीम करे पकौड़े डाल दें।
4. अब 5 से 8 मिनट और पका कर तरी गाढ़ी हो जाने पर गरम मसाला, हल्की, पिसी खटाई मिक्स करके लाल साबुत मिर्च के टुकड़े करके डाल दें। लाल मिर्च को पहले ही हल्के घी में भूनकर रख लें।
5. आख़री में हरा धनिया पत्ती ऊपर से डालकर सर्व करें।

हो गयी स्टीम पकौड़ों की सब्जी तैयार। इसे रोटी, चावल, परांठे के साथ सर्व कर सकते हैं।

4.27. टिंडे के कोफ्ते की सब्जी

सामग्री

* 8 मीडियम कच्चे (मुलायम) टिंडे
* 2 कटोरी बेसन
* अदरक, हरी मिर्च, हरा धनिया पत्ती बारीक कटे हुए
* 1 चम्मच कसूरी मेंथी
* टमाटर कद्दूकस किया हुआ
* 2 प्याज पीसे हुए
* आधा कटोरी दही
* 5 काजू और 1 ब्रेड पीस का पेस्ट
* घी सब्जी बनाने के लिए
* 6 करी पत्ते बारीक कटे हुए फ्लेवर के लिए
* तेल बनाने के लिए

मसाले

* स्वाद के अनुसार
* 1 चम्मच लाल मिर्च पाउडर
* 2 चम्मच पिसा धनिया पाउडर
* 1 चम्मच खटाई
* थोड़ा गरम मसाला
* 1 चम्मच हल्दी पाउडर
* 1 चम्मच किचन किंग मसाला
* 1 चम्मच चना मसाला

विधि

1. सबसे पहले कोफ्ते तैयार कर लें। इसके लिए टिंडे धोकर कद्दूकस करलें। और ब्रेड, काजू को पीस कर रख लें, फिर प्याज को भी पीस कर रख लें।
2. अब एक बर्तन में कद्दूकस किये हुए टिंडे, थोड़ा नमक, हल्की लाल मिर्च पाउडर, करी पत्ता, बेसन पहले थोड़ा डालकर अच्छे से मिक्स करके देख लेंगें कोफ्ते के हिसाब से पतला या कड़ा हो तो या तो पानी छिड़क लें या बेसन और डालकर मिक्स करके फेटें।
3. एक कटोरी में पानी रख लें और पानी का हाथ लगाकर टिंडे के पेस्ट जो कोफ्ते के लिए बनाया है उसमें से थोड़ा-थोड़ा लेकर छोटे-छोटे गोल पकौड़े कोफ्ते के लिए बनाकर रख लें। सारे ऐसे ही बनाने हैं।
4. अब एक कढ़ाई में सरसों का तेल डालकर अच्छी तरह से गरम हो जाने पर इन कोफ्तों को लाल रंग के तलकर रख लें।
5. अब कोफ्ते बनाने के लिए एक कढ़ाई में 2 करछी घी, 2 छोटी इलायची, आधा चम्मच जीरा, 2 लौंग डालकर चटकने पर प्याज डालकर भून लें।
6. इसके बाद कटा हुआ अदरक, पिसा हुआ काजू, ब्रेड पीस, टमाटर, दही अब मिक्स करके ऊपर लिखे सभी मसाले डालकर अच्छे से भुनने के बाद जब मसाला घी छोड़ने लगे तब 2 गिलास पानी डालकर उबाल आने पर गैस हल्की करके कोफ्ते डालकर 5 से 8 मिनट पका कर तरी अपने हिसाब से देख कर अब कसूरी मेंथी मसल कर डालें।
7. गैस बंद करके हरा धनिया पत्ती डालकर कर सब्जी सर्व करें।

हो गयी टिंडे की कोफ्ते की सब्जी तैयार। इसे आप चावल, रोटी, परांठे के साथ सर्व कर सकते हैं। उम्मीद है ये सब्जी सबको पसन्द आयेगी।

4.28. तरबूज के छिलके की भूजी

सामग्री

- 3 कटोरी तरबूज के छिलके (जो लाल तरबूज निकाल कर हरा बच जाता है उसे कद्दूकस कर लें)
- 2 आलू उबले हुए (फोड़ कर छोटे साईज के यदि बड़ा है तो एक ही लें)
- अदरक, हरी मिर्च बारीक कटे हुए
- घी बनाने के लिए

मसाले

- नमक स्वाद के अनुसार
- 1 चम्मच हल्दी पाउडर
- 1 चम्मच लाल मिर्च पाउडर
- 2 चम्मच धनिया पाउडर
- आधा चम्मच साबुत जीरा
- 1 चम्मच किचन किंग मसाला
- 1 चम्मच सांभर मसाला
- थोड़ा गरम मसाला

विधि

1. इस भूजी को बनाने के लिए सबसे पहले तरबूज के छिलकों को रगड़ कर धोकर कर एक गिलास पानी कुकर में उबाल कर, ठंडे पानी में धोकर निचोड़ कर रख लें, थोड़ा सा हाथ से खिला लें।
2. भूजी - तरबूज के छिलके की भूजी बनाने के लिए सबसे पहले एक कढ़ाई में 1 करछी घी अच्छी तरह से गरम हो जाने पर अब जीरा डालें।

3. जीरा चटकने पर कटी हुई अदरक, हरी मिर्च मिक्स करके, ऊपर लिखे सभी मसाले डालकर अच्छे से हल्की आंच पर भूनेंगे।
4. अब कद्दूकस और उबले हुऐ तरबूज के छिलकों को कढ़ाई में डालकर अच्छे से भून लेंगें 5 मिनट तक। फिर गैस बंद करके सब्जी को सर्व करेंगे।

बन गयी तरबूज के छिलकों की भूजी जो बहुत ही आसान है और जल्दी बनती है। इसे आप परांठो, रोटी के साथ सर्व कर सकते हैं।

4.29. करेला और आलू की सब्जी करारी वाली

सामग्री

- 4 करेले छोटे वाले
- 1 कच्चा बिना छीला आम कद्दूकस किया हुआ
- अदरक, हरी मिर्च बारीक कटे हुए
- 4 कच्चे पतले छोटे आलू
- सरसों का तेल
- 2 प्याज कटे हुए यदि डालना हो तो

मसाले

- नमक स्वाद के अनुसार
- 1 चम्मच मोटी पिसी लाल मिर्च पाउडर
- 2 चम्मच धनिया पाउडर
- 2 चम्मच पिसी सौंफ
- 1 चम्मच हल्दी पाउडर
- 1 चम्मच छौंक के लिए पंच मसाला - साबूत सौंफ, जीरा, मेंथी दाना, कलौंजी, राई सब मिलाकर
- 1 चम्मच सांभर मसाला

विधि

1. अब करेले की सब्जी बनाने के लिए सबसे पहले करेले को धोकर चाकू से रगड़ कर छील कर एक बर्तन में कर लें।
2. छिलकों को आधा चम्मच नमक लगा कर रगड़ कर 1 घंटे के लिए रख लें।

3. मसाला तैयार करने के लिए एक बर्तन में कद्दूकस की हुई कच्ची अम्बी डाल लेंगें, अब ऊपर लिखे सभी मसाले डालकर करेले के छिलके भी धोकर निचोड़ कर डाल लें।

4. अब अदरक आदि कटा हुआ डाल लें। इसके बाद सबको अच्छे से मिक्स करके रख लें। यदि प्याज डालना है तो तेल में थोड़ा सा भून कर फिर मसाले में डालकर अच्छी तरह से मिक्स कर लें। वरना थोड़ा सा तेल डालकर मसाला मिक्स करके रख लेंगें।

5. अब कच्चे आलू को छील कर अच्छे से धोकर उन्हें एक साइड से लंबा चीरा लगाकर रख लें। अब ऐसे ही करेले को धोकर जो नमक लगा कर रखा है उन्हें भी बीच में से एक साइड में से चीर कर रख लें।

6. इसके बाद जो मसाला तैयार किया है उसे करेले के बीच में अच्छे से दबा कर भर लें और इन करेलों को या तो धागे से लपेट कर बांध लें जिससे मसाला ना निकले, नहीं तो टूथ पिक लेकर करेले के दोनों किनारे पर लगा लें। ऐसे ही सारे करेले तैयार कर के रखने हैं।

7. अब इसी मसाले को जो हमारे पास बचा है इसे थोड़ा-थोड़ा आलू में भी भर लेंगें और थोड़ा मसाला हाथों से आलू के चारों तरफ मल लेंगें। अब करेले की सब्जी छौंक के लिए तैयार है।

8. इसके बाद अब लोहे की कढ़ाई गरम हो जाने पर 1 करछी तेल डालें।

9. तेल अच्छी तरह से गरम हो जाने पर पंच मसाला डालकर मिक्स करके करेले डालकर चारों तरफ से आलू को लगा दें और 2 मिनट के लिए ढक दें।

10. अब ढक्कन हटाकर पलटें यदि तेल कम लगे तो और आधा करछी डाल लें और फिर ढक दें। आलू साइड में ही रखने हैं।

11. जब आलू और करेले गलने लगें तो यदि मसाला बचा है तो उसे अब डाल लें। ये वो मसाला है जो करेले में भरा है और ढक कर फिर 4 मिनट पकाना है जिससे मसाला खाने में कच्चा ना लगे।

बन गई करेले और कुरकुरे आलू की सब्जी। इसे गरम-गरम आप रोटी, पंराठे, पूरी के साथ सर्व कर सकते हैं।

4.30. बेसन और सोयाबीन की बड़ी की सब्जी

सामग्री

* आधा कटोरी बेसन
* 2 कटोरी सोया बड़ी
* 2 प्याज, 3 टमाटर, अदरक और हरी मिर्च का पेस्ट
* आधी कटोरी दही
* 1 चम्मच सफेद तिल
* 2 चम्मच ब्रेड क्रम्स
* घी बनाने के लिए।

मसाले

* नमक स्वाद के अनुसार
* आधा चम्मच लाल मिर्च पाउडर
* 1 चम्मच पिसा धनिया पाउडर
* हल्की सी सौंफ
* गरम मसाला
* 1 चम्मच हल्दी पाउडर
* 1 चम्मच मैगी मसाला
* 1 चम्मच चना मसाला
* 1 करछी कसूरी मेंथी

विधि

1. बड़ी की सब्जी बनाने के लिए सबसे पहले एक फ्राईपेन में बड़ियों को अच्छे से उबाल कर फिर छान कर निकाल कर रख लें।

2. अब छनी हुई बड़ियों को एक थाली में करके नमक, और हल्दी, चना मसाला, आधा चम्मच, बेसन को भी डाल कर, सबको अच्छे से मिक्स करके, 2 चम्मच दही डाल कर फिरसे मिक्स करके 10 मिनट के लिए रख दें।
3. लास्ट में नीबू का रस, 1 चम्मच तेल भी डालकर अच्छे से मिक्स करना है।
4. एक कढ़ाई में 2 करछी घी अच्छे से गरम हो जाने पर आधा चम्मच जीरा, 2 छोटी इलायची, 2 लौंग, 4 काली मिर्च डाल दें।
5. इसके बाद पिसा हुआ प्याज का पेस्ट डाल कर हल्की आंच पर भूनेंगे। अब ब्रेड क्रम्स और तिल भी डालकर अब दही भी डाल लेंगें, तब तक भूनना है जब तक घी छोड़ने लगे। अब कसूरी मेंथी को भी डालें और मिक्स करें।
6. आधी कटोरी पानी डालकर अच्छे से पका कर अब बड़ियां डालकर अच्छे से भूनेंगे।
7. करीब 3 से 5 मिनट पकाना है। पानी कम लगे तो और थोड़ा सा डालकर पकाएँगे तभी अंदर से मसालेदार हो पाएंगी। वरना फीकी लगेंगी। सब्जी की तरी सिलबिलि रखनी है बिल्कुल नहीं सुखानी है।

बन गई बेसन और बड़ी की सब्जी। इसे आप चावल, किसी भी तरह की रोटी, परांठे के साथ सर्व कर सकते हैं।

4.31. फूल गोभी की कचिया डंडी की चटपटी सब्जी

सामग्री

* 15 फूल गोभी के डंठल (कचिया डंडी) और चाहें तो नीचे की लंबी डंडी को भी छील कर लंबी काट सकते हैं
* 2 प्याज
* 3 टमाटर
* अदरक, हरी मिर्च, हरा धनिया पत्ती कटे हुए
* 1 चम्मच बेसन
* 1 चम्मच सूजी
* घी बनाने के लिए

मसाले

* नमक स्वाद के अनुसार
* 1 चम्मच लाल मिर्च पाउडर
* 1 चम्मच पिसा हुआ धनिया
* 1 चम्मच किचन किंग मसाला
* 1 चम्मच सांभर मसाला
* 1 चम्मच खटाई
* 1 चम्मच हल्दी पाउडर
* आधा कटोरी दही
* थोड़ा गरम मसाला
* एक चुटकी हींग
* आधा चम्मच पिसी सोंफ

विधि

1. सब्जी बनाने के लिए सबसे पहले गोभी की डंडियों को साइड से पत्ते चाकू से हटा कर साफ करके और धोकर कपड़े से पोंछ लें।
2. अब एक कढ़ाई में घी गरम हो जाने पर इन गोभी की ड़ंडी को लाल रंग की तल कर रख लें और थोड़ा सा अदरक और हरी मिर्च को भी तल लें। मिर्च लंबी और अदरक को भी लंबा काट कर रख लें।

सब्जी

1. सबसे पहले सब्जी बनाने के लिए एक कढ़ाई में 1 करछी घी अच्छे से गरम हो जाने पर हींग और जीरा चटकने पर अब प्याज डालकर अच्छी तरह से भून लें।
2. अब 1 चम्मच बेसन और सूजी भूनें और टमाटर डालकर अच्छे से मिक्स करके अब ऊपर लिखे सभी मसाले डाल कर अच्छे से भून लेंगें जब तक मसाला घी ना छोड़े। अब दही डालकर फिर से भूनें।
3. 1 करछी पानी डालकर मिक्स करके तली हुई गोभी की डंडी, अदरक और हरी मिर्च अच्छी तरह से 5 मिनट तक भून कर गैस बंद करके, अब हरा धनिया पत्ती डाल दें।

हो गयी गोभी की डंडी की चटपटी सब्जी तैयार। इसे आप रोटी, पंराठे, पूरी के साथ सर्व कर सकते हैं।

4.32. हरी मटर के पत्तों और आलू की चटपटी सब्जी

सामग्री

* 2 कटोरी हरी मटर के पत्ते कटे हुए
* 1 मीडियम कच्चा आलू टुकड़े करके
* अदरक, हरी मिर्च, हरा धनिया पत्ती बारीक कटे हुए
* 2 टमाटर कटे हुए
* 1 चम्मच बेसन
* घी बनाने के लिए

मसाले

* नमक स्वाद के अनुसार
* 1 चम्मच मोटा पिसा लाल मिर्च पाउडर
* 1 चम्मच हल्दी पाउडर
* 1 चम्मच धनिया पाउडर
* 1 चम्मच किचन किंग मसाला
* थोड़ा गरम मसाला
* 1 चम्मच खटाई
* आधा चम्मच साबुत जीरा
* 1 चम्मच मैगी मसाला

विधि

1. सबसे पहले मटर के पत्तों की सब्जी बनाने के लिए आलू को छोटे टुकड़ों में काट कर पानी में डाल लें वरना काले हो जाएंगे।
2. अब मटर के हरे और कचिया पत्ते छील कर बारीक काट कर रख लें।

सब्जी

1. सब्जी बनाने के लिए कढ़ाई में 1 करछी घी अच्छी तरह से गरम हो जाने पर हींग और जीरा डालकर चटकने पर अदरक, हरी मिर्च को डाल कर मिक्स करके बेसन को डालकर हल्की आंच पर भून लें।
2. अब ऊपर लिखे मसाले (खटाई लास्ट में डालनी है), टमाटर डालें और अच्छी तरह से भून लें, जब तक मसाला घी छोड़ ना दे।
3. इसके बाद कटे हुए पत्ते और आलू डालकर अच्छे से मिक्स करके थोड़ा सा पानी छिड़क कर ढक कर बनाये।
4. इस सब्जी को बीच-बीच में चलाते रहना है। जिससे सब्जी जले नहीं। यदि जरूरत लगे तो या तो थोड़ा सा पानी छिड़क दें या घी भी डाल सकते हैं।
5. ये सब्जी करीब 6 से 10 मिनट में गल जाएगी।
6. अब सब्जी बनने के बाद गरम मसाला और खटाई डालकर मिक्स करके गैस बंद कर दें।

हो गयी मटर के पत्तों की सब्जी तैयार। इसे आप गर्मा गरम रोटी, पंराठे, पूरी के साथ या मठरी के साथ भी सर्व कर सकते हैं या चाय के साथ।

4.33. दही वाली ग्वार की फली की चटपटी सब्जी

सामग्री

* 2 कटोरी फली थोड़ी बड़ी कटी हुई
* 1 उबला हुआ आलू कटा और थोड़ा तला हुआ
* आधी कटोरी थोड़ा पतला बिला हुआ दही
* 1 चम्मच बेसन
* अदरक, हरी मिर्च, बारीक कटा हुआ
* तेल बनाने के लिए

मसाले

* नमक स्वाद के अनुसार
* आधा चम्मच मोटा पिसा लाल मिर्च पाउडर
* 2 चम्मच पिसा हुआ धनिया पाउडर
* आधा चम्मच पिसी सौंफ
* 1 चम्मच किचन किंग मसाला
* 1 चुटकी हींग
* आधा चम्मच अजवाइन
* 1 चम्मच हल्दी पाउडर
* थोड़ा गरम मसाला

विधि

1. इस सब्जी को बनाने के लिए सबसे पहले ग्वार की फली को दो टुकड़ों में तोड़ कर उसके दोनों तरफ से तिनके तोड़ कर 2 मिनट के लिए पानी में उबाल कर फिर छान कर रख लें। इनको निचोड़ना नहीं है।

2. अब ठंडी होने पर एक बर्तन में डालकर फली के ऊपर थोड़ा नमक, आधा चम्मच किचन किंग मसाला डालकर मिक्स करें।
3. इसके बाद अदरक, हरी मिर्च को बड़ा-बड़ा काट के डाल लें, और दही को डालकर अच्छे से मिक्स करके 15 मिनट के लिए रख लें। फली अच्छे से दही में सन जाएं।
4. अब एक कढ़ाई में 1 करछी सरसों का तेल अच्छी तरह से गरम हो जाने पर हींग और अजवाइन चटकने पर आंच हल्की करके बेसन को भून लें।
5. फिर ऊपर लिखे सारे मसाले डालकर भून कर अब दही लगी ग्वार की फली को डालें, अच्छे से मिक्स करके 2 मिनट भून कर जब दही का पानी कम होने लगे तो तले हुए आलू को भी डालकर अच्छे से भून लें। जब तक सब्जी करारी ना भुन जाये।
6. आख़री में गैस बन्द करके थोड़ा गरम मसाला मिक्स करें और सब्जी को गरम ही सर्व करें। इस सब्जी में खटाई नहीं डालनी है।

बन गई ग्वार की फली की दही वाली सब्जी। इसे आप पूरी, रोटी, पंराठे के साथ सर्व करें।

4.34. लौकी और पनीर की सब्ज़ी

सामग्री

- 300 ग्राम लौकी छिली और कटी हुई
- 150 ग्राम पनीर छोटे-छोटे टुकड़ो में कटा और लाल तला हुआ
- आधा कटोरी उबले हुए स्वीट कॉर्न
- अदरक, हरी मिर्च, हरा धनिया पत्ती कटे हुए
- 2 प्याज और 3 टमाटर का पेस्ट
- आधा कटोरी दही
- घी बनाने के लिए

मसाले

- नमक स्वाद के अनुसार
- 1 चम्मच हल्दी पाउडर
- आधा चम्मच लाल मिर्च पाउडर
- 2 चम्मच पिसा हुआ धनिया पाउडर
- 1 चम्मच किचन किंग मसाला
- 1 चम्मच मैगी मसाला
- 1 चम्मच खटाई
- थोड़ा गरम मसाला
- आधा चम्मच साबुत जीरा
- एक चुटकी हींग

विधि

1. इस सब्जी को बनाने के लिए पहले एक कुकर में 1 करछी घी डालकर अच्छी तरह से गरम हो जाने पर हींग और जीरा डालें।
2. अच्छी तरह से चटकने पर पिसा प्याज, टमाटर डालकर हल्की आंच पर भूनें।
3. अब दही डालकर मिक्स करके फिर ऊपर लिखे सारे मसाले डालकर अच्छी तरह से भूनना है, जब तक घी न छोड़ने लगे।
4. 1 गिलास पानी डालकर गरम हो जाने पर कटी हुई लौकी और पनीर डालकर मिक्स करके अब उबले कॉर्न डालकर सब्जी को चलाकर पानी देख लें तरी कैसी रखनी है उतना पानी डालें।
5. कुकर का ढक्कन बन्द करके सीटी बनने पर हल्की आंच पर 3-4 सीटी लेकर गैस बंद कर दें।
6. अब सब्जी खोलकर हरा धनिया पत्ती, खटाई डालकर मिक्स करके सब्जी को सर्व करें।

बन गयी लौकी और पनीर की सब्जी। इसे आप पूरी, रोटी, पंराठे के साथ सर्व कर सकते हैं।

4.35. आमलेट के स्टफिंग रोल के छल्ले की सब्जी

सामग्री

* 4 अंडे
* 2 उबले आलू कटे हुए
* आधा कटोरी मिक्स कच्ची सब्जी कटी हुई, जो डालनी हो
* आधी कटोरी दही
* अदरक हरी मिर्च, हरा धनिया पत्ती कटे हुए
* 2 प्याज कटे हुए
* 3 टमाटर कटे हुए
* 1 चम्मच बेसन
* 2 चम्मच ब्रेड क्रम्स
* 4 काजू और दही का पेस्ट

मसाले

* नमक स्वाद के अनुसार
* 1 चम्मच लाल मिर्च पाउडर
* 2 चम्मच पिसा धनिया पाउडर
* 1 चम्मच सांभर मसाला
* 1 चम्मच किचन किंग मसाला
* 1 चम्मच हल्दी
* आधा चम्मच सौंफ
* थोड़ा गरम मसाला
* आधा चम्मच साबुत जीरा
* आधा चम्मच दरदरा खड़ा मसाला

* लौंग
* काली मिर्च
* तेज पत्ता
* छोटी इलायची
* दाल चीनी

विधि

स्टफिंग

1. इसके लिए एक बर्तन में कटे हुए आलू, और बाकी कटी सब्जियां डाल लें।
2. इसके बाद ऊपर लिखे पिसे मसालों में से थोड़े-थोड़े सभी मसाले अपने स्वाद के अनुसार डाल लें।
3. फिर अदरक आदि, थोड़ा सा टमाटर भी डाल लें और मिक्स करके रख लें।
4. अब एक बर्तन में अंडे फोड़ लें और फेंट लें, फिर नमक, आधा चम्मच काली मिर्च पाउडर, आधा चम्मच अदरक, हरी मिर्च, थोड़ा हरा धनिया पत्ती डालकर मिक्स करके रख लें। बाकी कटा हुआ बाद में काम आएगा।

आमलेट

1. एक नॉन स्टिक फ्राई पैन में थोड़ा मक्खन डाल कर गरम होने के लिए गैस पर रख दें।
2. अब मक्खन फैला कर ऊपर से अंडे का आधा घोल डाल कर फैला दें और चारों तरफ मक्खन लगा दें।
3. 2 मिनट में आमलेट पलट कर फिर मक्खन चारों तरफ लगा दें।
4. 2 मिनट बाद इसमें बनाई हुई स्टफिंग लम्बाई में लगाकर अब आमलेट को लंबा टाइट रोल बनाकर प्लेट में निकाल कर रख लें।
5. आमलेट रोल ठंडा हो जाने पर गोल आकार के चिप्स काट कर रख लें।

सब्जी

1. अब सब्जी बनाने के लिए सबसे पहले एक कढ़ाई में 2 करछी घी गरम हो जाने पर जीरा और खड़ा मसाला डालें और मिक्स करें, आंच हल्की रखनी है।
2. इसमें अदरक, हरी मिर्च, प्याज डालकर अच्छी तरह से भूनेंगे।
3. इसके बाद ब्रेड क्रम्स, टमाटर डालकर मिक्स करके थोड़ा भून कर अब ऊपर लिखे सारे मसाले डालने हैं।
4. अब दही में पिसे काजू डालकर अच्छे से भूनना है। जब तक घी ना छोड़े। फिर 2 गिलास पानी डालकर उबलने पर हल्की गैस पर तरी को पकने देंगें।
5. जब तरी पक कर आधी हो जाये तो आमलेट के काटे गए चिप्स डाल कर फिर से पकाना है। उतना पकाना होगा जितना आप गाढ़ा रखना चाहते हैं।
6. बन गयी अंडे के चिप्स की तरी वाली सब्जी।

अब इसमें हरा धनिया पत्ती डाल कर डोंगे में सर्व करें। इसे आप रोटी, कैसी भी हो या परांठा, चावल के साथ सर्व कर सकते हैं।

4.36. गोल बैंगन की करारी सब्जी

सामग्री

* 2 बड़े बैंगन
* 2 कटोरी बेसन
* अदरक, हरी मिर्च, हरा धनिया पत्ती
* 3 टमाटर और 3 प्याज का पेस्ट
* 1 करछी दही
* सरसों का तेल

मसाले

* नमक स्वाद के अनुसार
* 1 चम्मच लाल मिर्च पाउडर
* 1 चम्मच हल्दी पाउडर
* 2 चम्मच धनिया पाउडर
* 1 चम्मच किचन किंग मसाला
* 1 चम्मच सांभर मसाला
* थोड़ा गरम मसाला
* हींग
* आधा चम्मच पिसी सोंफ
* आधा चम्मच खटाई

विधि

1. सबसे पहले बैंगन को धोकर लंबा दो टुकड़ों में काट लेंगें और बैंगन की डंडी दोनों टुकड़ों में हल्की सी आ जाये पकड़ने के लिए।

2. दोनों बैंगन ऐसे ही काट कर, अब एक बैंगन का टुकड़ा चोपर बोर्ड पर रख कर, छिलका ऊपर हो, चाकू से लंबे 4-5 कट लगा लेंगें, डंडी की तरफ से टूटे नहीं, जुड़ा हो बैंगन।
3. सारे ऐसे ही काट कर पानी में डाल दें और आधा चम्मच नमक भी डाल दें।
4. एक बर्तन में बेसन को डालकर अब मसाले सभी थोड़े-थोड़े डाल कर मिक्स करके, अब पानी से घोल तैयार करके रख लेंगें, घोल बीच का हो ज्यादा गाढ़ा नहीं हो थोड़ा सा पतला ही रखना है। अदरक, हरी मिर्च का थोड़ा सा पेस्ट बनाकर डालें।
5. अब एक चौड़े फ्राई पैन में थोड़ा सा तेल अच्छी तरह से गरम हो जाने पर एक बैंगन का टुकड़ा पानी से निकाल कर पानी झटक कर बेसन के घोल में डिप करके चारों तरफ से बेसन में घुमा कर फिर हल्के बेसन के साथ ही फ्राई पैन में डालेंगें। ऐसे ही एक और डाल कर दोनों को सेमी फ्राई करके निकाल लेंगें। ऐसे ही बाकी टुकड़े फ्राई करके रख लेंगें।

बन गया बैंगन का क्रिस्पी नाश्ता आप इसे ऐसे भी हरी चटनी, सॉस से सर्व कर सकते हैं।

सब्जी

1. सब्जी बनाने के लिए सबसे पहले कढ़ाई में 1 करछी तेल डालकर अच्छी तरह से गरम हो जाने पर हींग और जीरा तड़कने पर अदरक, हरी मिर्च, प्याज को डालकर भून के, कसा हुआ टमाटर डालें। चाहें तो प्याज और टमाटर, अदरक और हरी मिर्च का पेस्ट बना कर भी डाल सकते हैं।
2. मिक्स करके दही डालना है। उसको चलाकर अब ऊपर लिखे गए सारे मसाले डालकर अच्छे से मिक्स करके भून के जब मसाला तेल छोड़ने लगे तब फिर बैंगन तलकर रखे हुए डाल कर अच्छे से मिक्स करके 4 मिनट तक भूनके गैस बंद करके सब्जी निकाल लें।

बन गयी बैंगन की करारी सब्जी। इसे आप रोटी, चावल, परांठे के साथ सर्व कर सकते हैं।

4.37. दही फुल्की की टेस्टी सब्जी

सामग्री

* 2 कटोरी बेसन
* आधी कटोरी पिसी धुली मूंग दाल
* 2 कटोरी मट्ठा
* अदरक, हरी मिर्च, हरा धनिया का पेस्ट
* 1 टमाटर का पेस्ट
* घी या सरसों का तेल बनाने के लिए

मसाले

* नमक स्वाद के अनुसार
* 1 चम्मच मोटा पिसा लाल मिर्च पाउडर
* 1 चम्मच पिसा हुआ धनिया पाउडर
* 1 चम्मच किचन किंग मसाला
* 1 चम्मच सांभर मसाला
* थोड़ा गरम मसाला
* एक चुटकी हींग
* आधा चम्मच खाने वाला सोडा

विधि

1. फुल्की की सब्जी बनाने के लिए सबसे पहले फुल्की यानी पकौड़ी बनाएंगे।
2. इसके लिए एक बर्तन में बेसन और पिसी दाल को डालकर पेस्ट तैयार करेंगे।

3. अब बेसन और पिसी दाल में एक कटोरी पानी और बाकी मट्ठा घोलकर पेस्ट तैयार करेंगे, पेस्ट ऐसा हो जैसे मूंग दाल की पकौड़ी बनाते हैं।
4. ऊपर लिखे मसाले, थोड़ा नमक और आधा चम्मच लाल मिर्च पाउडर डालेंगें। कुछ और मसाला नहीं डालना है।
5. अब इसमें आधा चम्मच खाने का सोडा डालकर मिक्स करके रख लेंगें।
6. एक कढ़ाई में तेल अच्छी तरह गरम हो जाने पर, बेसन के पेस्ट की छोटी-छोटी पकौड़ी बना कर सेक कर रख लेंगें।

सब्जी

1. सब्जी बनाने के लिए एक बर्तन में दो गिलास मट्ठा, बाकी आप अपनी पकौड़ी के हिसाब से ले सकते हैं।
2. अब इसमें पकौड़ी डालकर 10 मिनट के लिए ढक कर रख देंगें।
3. इसमें अब छौंक लगाएंगे, इसके लिए एक फ्राई पैन में 1 करछी तेल अच्छी तरह से गरम हो जाने पर 1 चम्मच साबुत जीरा, 2 चुटकी हींग, अदरक, हरी मिर्च को डालकर, गैस बंद करके ऊपर लिखे सारे मसाले मिक्स करके मट्ठे की पकौड़ी में डाल लेंगें और मिक्स करके रख लेंगें।
4. अब हरा धनिया पत्ती भी डालना होगा और सर्व करें रोटी, पुलाओ, पूरी के साथ।

   यदि चाट की तरह से खाना है तो रूखा भी कटोरी में लेकर खा सकते हैं।

खट्टी फुल्की

1. खट्टी, चट पटी फुल्की बनाने के लिए एक बर्तन में पानी लेना होगा 2 से 3 गिलास।
2. अब इसमें अदरक, हरी मिर्च, हरे धनिये का पेस्ट बनाकर डालना होगा। करीब आधा कटोरी।
3. ऊपर लिखे सारे मसाले डालकर मिक्स करके अब इसमें 2 नीबू का रस या आधा कटोरी गाढ़ी इमली का पेस्ट, खट्टा करने के लिए डालें।

4. एक फ्राई पैन में आधा करछी तेल लेकर गरम हो जाने पर एक चम्मच साबुत जीरा और हींग डालकर चटकने पर पानी में छौंक लगाना होगा।
5. इसमें पकौड़ी डालकर मिक्स करके 15 मिनट रख कर फिर सर्व करेंगें। जिससे चटपटा बन जाये।

हो गयी दोनों तरह की फुल्की तैयार इसे जैसे भी चाहें सर्व करें।

4.38. पतोड़ के गट्टे की सब्जी

सामग्री

- 6 अरबी के पत्ते
- 1 कटोरी बेसन
- 1 करछी सूजी
- तेल या घी सब्जी बनाने के लिए
- अदरक, हरी मिर्च, हरा धनिया पत्ती कटा हुआ
- 1 टमाटर और 2 प्याज का पेस्ट
- आधा कटोरी दही
- 2 चम्मच सूखा नारियल कद्दूकस किया हुआ

मसाले

- नमक स्वाद के अनुसार
- 1 चम्मच हल्दी पाउडर
- 1 चम्मच पिसा हुआ धनिया पाउडर
- 1 चम्मच किचन किंग मसाला
- 1 चम्मच मैगी मसाला
- 1 चम्मच खटाई
- थोड़ा गरम मसाला
- आधा चम्मच अजवाइन छौंक के लिए
- एक चुटकी हींग

विधि

1. इस सब्जी को बनाने के लिए पहले पत्ते धोकर पोंछ कर रख लेंगें।
2. इसके बाद एक बर्तन में बेसन, सूजी मिक्स करके अब इसमें थोड़ा सा नमक और आधा चम्मच काली मिर्च पाउडर डालकर पानी के साथ अच्छे से घोलकर थोड़ा गाढ़ा घोल तैयार करके रख लेंगें।
3. अब एक भगोने में एक गिलास पानी डालकर गरम करने रख लेंगें।
4. इतने में पत्ते तैयार कर लेंगें। इसके लिए एक पत्ता लेकर प्लेट में रख कर बेसन के घोल को 1 करछी से लेकर पूरे पत्ते पर थोड़ा-थोड़ा लगा लेंगें।
5. इसके ऊपर दूसरा पत्ता रख लेंगें, फिरसे बेसन लगा कर, फिर पत्ता रख कर बेसन लगाना है।
6. इन पत्तों को टाइट से एक तरफ से घुमाते हुए रोल बनाकर रख लेंगें। ऐसे ही बाकी 3 पत्तों का भी रोल बना लेंगें। (अरबी के पत्ते के 2 रोल बन गए।)
7. अब भगोने के पानी पर एक चलनी रख कर थोड़ा तेल लगाकर अरबी के पत्ते के रोल को रख कर ढक कर बीच की आंच पर 10 मिनट पका लेंगें। एक बार बीच में पलट लेंगें।
8. अब इनको निकाल कर ठंडा होने पर रोल के हल्के मोटे गोल चिप्स काट लेंगें।

सब्जी

1. अब पहले मसाला तैयार करके रख लेंगें। इसके लिए सबसे पहले एक कटोरे में 1 चम्मच बेसन, ऊपर लिखे सभी मसाले, 1 कटोरी पानी को डालकर अच्छी तरह से मिक्स करके रख लेंगें।
2. अब पत्ते के गट्टे की सब्जी बनाने के लिए सबसे पहले एक कढ़ाई में 1 करछी घी अच्छी तरह से गरम हो जाने पर हींग, अजवाइन डालकर चटकने पर अदरक आदि, टमाटर, प्याज के पेस्ट को डालकर मिक्स करके भूनते हुए दही को डाल लेंगें।
3. जब मसाला घी छोड़ने लगे तब तैयार किये मसाले को धीरे से डालकर चलाते हुए उबाल लेंगें।

4. उबाल आने पर 1 गिलास पानी डालकर 3 मिनट अच्छी तरह से पकाकर इसमें पतोड़ के कटे हुए गट्टे डालकर मिक्स करके अब फिर 5 मिनट पका लेंगें।

हो गयी अरबी के पतोड़ की सब्जी तैयार। इसे आप चावल, पंराठे, रोटी के साथ सर्व करेंगे।

4.39. ब्रेड और कच्ची सब्जी के साथ कॉर्न का नाश्ता

सामग्री

* 6 ब्रेडपीस
* 2 कटोरी गेहूँ का आटा
* 1 कटोरी कटी हुई कच्ची सब्जी जो आप डालना चाहते हैं
* आधा कटोरी दही
* अदरक, प्याज, हरी मिर्च, हरा धनिया कटा हुआ जरूर डालना है
* 1 कटोरी उबले हुए स्वीट कॉर्न
* 1 उबला हुआ आलू कद्दूकस किया हुआ
* तेल बनाने के लिए

मसाले

* नमक स्वाद के अनुसार
* 3 लाल साबुत मिर्च कटी हुई
* 1 चम्मच सांभर मसाला
* 2 चम्मच किचन किंग मसाला
* 1 चम्मच पिसा धनिया पाउडर
* आधा चम्मच लाल मिर्च पाउडर
* 1 चम्मच खटाई
* आधा चम्मच जीरा और अजवाइन मसल कर
* एक चुटकी हींग

विधि

1. इस नाश्ते को बनाने के लिए सबसे पहले एक बर्तन में ब्रेड के टुकड़े डालकर उन्हें अच्छी तरह से हाथ से ही चूरा कर लेंगें।
2. अब दही मिक्स करके सारा कटा हुआ सामान, कॉर्न डालना होगा।
3. सब कुछ डालकर अब मिक्स करके अच्छी तरह से, इसमें 1 करछी तेल, ऊपर लिखे सभी मसाले, 1 कटोरी आटा डालकर अच्छी तरह से मिक्स करते हुए गूंथेंगे। अब बाकी आटा भी डालकर मिक्स करके देखना है, आटा कैसा है, रोटी जैसा चाहिए। जरूरत हो तो थोड़ा पानी लगा कर थोड़ा आटा ढीला ही गूंथना है।
4. अब इस पेस्ट को 10 मिनट रख कर, फिरसे ठीक करके इसके बड़ी मोटी लोई बना लेंगें। एक लोई को लेकर चकले पर तेल लगाकर फिर लोई को रख कर हाथ से ही चौकोर मोटा पीस बना लेंगें। करीब 2 इंच मोटा और 6 इंच चौड़ा हो।
5. अब आटे का पेस्ट उसी हिसाब से लेंगें, इतना मोटा पीस बने।
6. इसे हल्के तेल के हाथ से चारों तरफ़ से एकसार कर लेंगें।
7. पेस्ट को सेट करने के बाद एक चाकू से 1 ½ इंच चौड़ी पट्टी काट लेंगें। ऐसे ही सारी काट कर एक प्लेट में अलग-अलग रख लेंगें।
8. अब एक फ्राई पैन में 3 करछी तेल अच्छी तरह से गरम हो जाने पर मीडियम आंच पर ही बनाएंगे। एक काटा गया पीस तेल में डालकर फिर 2 और रख लेंगें अब इनको थोड़ी देर में एक चिमटे से पलट कर फिर दूसरी तरफ से सेक लेंगें। ऐसे ही सारे रोल सेकेंगे और क्रिस्पी बनाकर सर्व करेंगें।

बन गया हमारा ब्रेड, कच्ची सब्जी और गेहूँ के आटे का क्रिस्पी नाश्ता। इसे आप गरम-गरम ही हरी चटनी, सॉस और चाय के साथ सर्व कर सकते हैं।

खंड-5

मिठाइयाँ

5.1. सिंघाड़े का मीठा हलवा

सामग्री

* 1 किलो सिंघाड़े
* 1 मिडियम कटोरी चीनी
* घी जरूरत के हिसाब से
* मेंवा - बादाम और काजू या जो आपको पसंद हो
* छोटी इलायची पिसी हुई या एक चुटकी केसर (जो पसंद हो)

विधि

1. सब से पहले सिंघाड़ों के दोनों तरफ से काटें निकाल कर अच्छी तरह से धोकर उन्हें उबाल लें।
2. ठंडा हो जाने पर सिंघाड़ों को छीलकर उन्हें कद्दूकस कर लें।
3. अब एक कढ़ाई लेकर गैस पर गरम होने रख दें और करीब 2 मीडियम करछी घी डाल कर अच्छे से कद्दूकस सिंघाड़ों को धीमी आंच पर भूनें।
4. जब थोड़ा गुलाबी होने लगे तो उसमें चीनी डाल कर चलाना है। गैस बिल्कुल कम रखनी है वरना हलुआ जल सकता है।
5. चीनी मिलाते समय यदि हलवा सूखा लगे तो थोड़ा सा पानी छिड़क दें या एक करछी दूध डाल दें।
6. जब अच्छे से मिक्स हो जाये तो गैस बंद करके उसमें इलायची, बादाम और काजू बारीक काट कर डाल दें।

हो गया सिंघाड़े का हलवा तैयार अब इसे आप चाय के साथ सर्व कर सकते हैं।

5.2. शकरकंदी और अंडे का केक

सामग्री

छोटा सा केक बनाने के लिए जो सामान चाहिये

- 2 बड़ी उबली शकरकंदी कद्दूकस की हुई
- आधा कटोरी चावल का आटा
- 60 ग्राम मक्खन
- आधा कटोरी पिसी चीनी
- 2 उबले अंडे कद्दूकस किए हुए
- थोड़ा सा दूध यदि जरूरत पड़े

विधि

1. सबसे पहले उबली शकरकंदी को कद्दूकस कर के, एक बर्तन में चावल का आटा, पिसी चीनी और मक्खन डालकर मिक्स करें।
2. अब उबले हुए अंडों को कद्दूकस कर के डालें और करछी से एक ही तरफ चलाकर फेंटें। यदि ज्यादा गाढ़ा है तो थोड़ा सा दूध डालकर अच्छी तरह से मिक्स करें।
3. इसके बाद आधा चम्मच खाने का सोडा और आधा चम्मच बेकिंग पाउडर डालें और फिर फेंट कर केक बनाने जैसा पेस्ट तैयार करलें जब तक फूल ना जाये। पेस्ट इडली के पेस्ट से गाढ़ा रखना है।
4. अब एक कांच के बड़े बर्तन में या एल्युमीनियम टिन में नीचे और चारों तरफ थोड़ा सा घी या तेल लगाकर फिर पेस्ट को डालें।
5. केक के बर्तन को ओवन में 120 डिग्री पर रख कर बेक करेंगे। बीच में फूलने के बाद कुछ डिग्री बढ़ा के 160 डिग्री कर सकते हैं।
6. अब 10 मिनट बाद या बीच में चाकू से चेक कर लें। यदि नहीं चिपके तो समझो बन गया वरना और बेक कर लें।

हो गया अंडे और शकरकंदी का केक तैयार। इसको एक प्लेट पर उल्टा करें और केक निकलने पर काट कर सर्व करें। ये बच्चों और बड़ों को बहुत पसंद आता है।

5.3. पके आम का हलवा

सामग्री

* 3 पके हुए आम का गूदा
* 1 करछी दूध
* 1 करछी चीनी (बाकी स्वाद के अनुसार)
* 1 करछी देसी घी
* थोड़े से कटे हुए ड्राई फ्रूट्स जो डालना चाहते हैं
* 1 करछी हल्की भुनी सूजी

विधि

1. एक नॉन-स्टिक कढ़ाई में 1 करछी घी और आम का गूदा डालकर मीडियम आंच पर लगातार चलाते रहें। लगातार चलाना होगा वरना लग सकता है।
2. अब करीब पांच मिनट बाद सूजी को डालकर फिर चलाते हुए, 1 करछी दूध डालें।
3. फिर हल्की आंच पर भूनते हुए अब चीनी डालकर अच्छी तरह से मिक्स करें और 2 मिनट भूनें।
4. अब लास्ट में गैस बंद करके ड्राई फ्रूट्स डालकर सर्व करें।

बन गया आम का हलुआ। इसे आप किसी भी समय लंच, डिनर के साथ सर्व कर सकते हैं।

यदि आप पसंद करते हैं तो 2 चम्मच घी सर्व करते हुए डाल सकते हैं।

5.4. पके आम और जवे का नाश्ता दूध के साथ

सामग्री

* 2 गिलास दूध उबालकर
* 1 कटोरी भुनी जवे या सेंवई
* ड्राईफ्रूट्स कटे हुए (जो डालना चाहते हैं।)
* आधा कटोरी चीनी
* 2 पके हुए आम (आधा काट लें और बाकी पीस लें)
* थोड़ा सा घी जवे भुनने के लिए
* थोड़ी सी पेठा चेरी ऊपर से डालने के लिए

विधि

1. इस मीठी रेसीपी को बनाने के लिए सबसे पहले एक भगोने में 1 चम्मच घी डालें।
2. अब जवे डालकर थोड़ा सा चला लें क्योंकि पहले ही भुने हुए हैं।
3. इसके बाद इसमें आधा कटोरी पानी डालकर अच्छी तरह से तुरंत धीरे-धीरे मिक्स करते हुए दूध डालकर चलाते जाएंगे, जिससे दूध फटे नहीं।
4. ऐसे ही सारा दूध डालकर अच्छी तरह से उबाल आने पर थोड़ी सी हल्की आंच पर पका लें।
5. जवे जब काफी गाढ़े हो जायें और गल जायें तो चीनी डालकर अच्छी तरह से मिक्स करके गैस बंद करके एक चौड़े डोंगे में निकाल लें।
6. अब पिसा हुआ आम डालकर अच्छे से मिक्स करें फिर कटे हुए आम, और चेरी को ऊपर से डालें। साथ ही में कटे हुए ड्राईफ्रूट्स छिड़क कर डालें।
7. जवे गरम ही सर्व करें या ठंडा करने के लिए फ्रिज में रख कर फिर सर्व कर सकते हैं।

हो गयी खाने के बाद कि स्वीट डिश तैयार। इसे किसी भी समय सर्व करें।

5.5. अमरूद से बनायें करांची हलवा

सामग्री

- 4 पके अमरूद (ज्यादा कड़े ना हों)
- 1 कटोरी चीनी
- थोड़े से ड्राई फ्रूट्स कटे हुए
- घी
- 2 छोटी इलायची पिसी हुई

विधि

1. सबसे पहले अमरूद को अच्छे से धोएं।
2. अब एक स्टीमर में पानी डाल कर इडली स्टैंड या जाली रख कर अमरूद को ढक कर 10 मिनट स्टीम करके निकाल कर ठंडा होने दें।
3. ठंडा होने पर अमरूद के टुकड़े करके एक मिक्सर जार में डाल कर बिना पानी के बारीक पीस लें।
4. अब इसको एक बारीक छलनी से छान कर रख लें।
5. एक कढ़ाई में 1 करछी घी, अमरूद का पेस्ट डाल कर मीडियम आंच पर चलाते रहें, जिससे लगे नहीं।
6. थोड़ा गाढ़ा हो जाने पर अब चीनी डालकर फिरसे चलाते हुए भूनना है।
7. जब थोड़ा घी दिखने लगे और कढ़ाई से अलग होने लगे तब पिसी इलायची डाल दें। इसमें थोड़ा सा हरा रंग खाने वाला पानी में घोल कर डाल लें और अच्छे से मिक्स करके चलायें। पानी 1 चम्मच ही लें।
8. अब एक एल्युमीनियम टिन (केक बनाने का चौड़ा सा बर्तन) में थोड़ा घी लगा कर, इसमें भुना हुआ अमरूद का पेस्ट डालकर फैला लें।

9. ऊपर से कटे हुए ड्राई फ्रूट्स छिड़क कर अब इस बर्तन को 5 मिनट बाद, 2 घंटे के लिए ढक कर फ्रिज में रख दें।

10. फ्रिज से 2 घंटे बाद निकाल कर इस मिठाई को बर्फी के शेप में काट कर सर्व करें चाय, नाश्ते में या खाना खाने के बाद। ये मिठाई फ्रिज में रखने से और अच्छी हो जाती है।

5.6. चावल के आटे की मीठी बर्फी

सामग्री

- 1 गिलास मलाई वाला दूध
- 2 कटोरी चावल का आटा
- 11/2 कप चीनी
- 6 काजू
- 3 चम्मच मिल्क पाउडर
- 1 कटोरी नारियल पाउडर
- ज़रा सा घी
- 2 चम्मच गिरी खरबूजे या खीरे की
- 6 बदाम दरदरे पिसे हुए

विधि

1. सबसे पहले चावल के आटे को 1 करछी घी डाल कर हल्की आंच पर थोड़ा लाल भूनेंगे।
2. अब नारियल चूरा, काजू, बादाम और 2 छोटी इलायची सबको पीसलें।
3. एक कढ़ाई में दूध और आधा कटोरी ताजी मलाई डाल कर उबाल आने पर हलकी गैस पर थोड़ी देर मिल्क पाउडर डाल कर पकाते रहना है।
4. थोड़ा गाढ़ा होने पर चीनी को भी डालकर पकाते हुए, भुना हुआ चावल का आटा डालकर मिक्स करके चलाते रहें जिससे गांठ ना पड़े।

5. जब खूब गाढ़ा होने लगे तो अब पिसा हुआ नारियल आदि डालकर मिक्स करके जब घी छोड़ने लगे तो एक थाली में थोड़ा सा घी लगा कर अब कढ़ाई में से चावल का पेस्ट डाल कर फैलाकर जमा लें।
6. करीब आधे घंटे बाद चाकू से निशान बना कर काट कर रख लें।

बन गयी मीठी वाली चावल के आटे की बर्फी। इसे खाने के बाद या चाय के साथ सर्व करें।

5.7. खट्टी, मीठी पके केले की स्पंजी पूरी

सामग्री

* 1 पका केला
* 2 कटोरी गेहूँ का आटा
* 1 कटोरी सूजी
* आधी कटोरी दही
* अदरक, हरी मिर्च
* 1 प्याज का पेस्ट
* 1 छोटा उबला आलू कद्दूकस किया हुआ
* 2 चम्मच नीबू का रस
* 2 चम्मच तेल बनाने के लिए

मसाले

* नमक स्वाद के अनुसार
* 1 चम्मच किचन किंग मसाला
* 1 चम्मच चाट मसाला
* एक चुटकी हींग
* आधा चम्मच लाल मिर्च पाउडर

विधि

1. सबसे पहले एक मिक्सी जार में सूजी, दही और पके केले के टुकड़े डाल कर पेस्ट बना लें।
2. अब पूरी को बनाने के लिए एक परात में गेहूँ का आटा, सूजी के पिसे पेस्ट को डाल कर अच्छे से मिक्स करें।

3. इसके बाद अदरक, कद्दूकस किया हुआ आलू और नीबू का रस भी पेस्ट में डालकर अच्छी तरह मिलाएं।
4. अब ऊपर लिखे सारे मसाले, 2 चम्मच तेल डालकर अच्छी तरह से गूंथ लें यदि जरूरत लगे तो थोड़ा दही लगा लें, पानी नहीं डालना है। यदि पतला लगे तो आटा लगा कर ठीक कर लें।
5. आटे में थोड़ा सा तेल लगा कर ठीक कर लें और 10 मिनट ढक कर रख लें।
6. 10 मिनट बाद पूरी बनाने के लिए सबसे पहले आटे की लोई तोड़ कर रख लें और पूरी की लोई को चकले पर बेलन की मदद से तेल लगा कर या सूखे आटे की मदद से बेलकर रख लें।
7. अब एक कढ़ाई में तेल डालकर अच्छे से गरम हो जाने पर एक-एक पूरी को कढ़ाई में डाल कर तल कर निकाल कर रख लें।

बन गई पके केले और आटे की स्पंजी पूरी! इसे हरी चटनी, अचार, मीठी चटनी के साथ सर्व कर सकते हैं।

5.8. पके आम के मीठे पकौड़े, पुड़े

सामग्री

* 2 पके आम का गूदा
* 2 कटोरी गेहूँ का आटा
* आधा कटोरी दही
* आधा चम्मच खाने का सोडा
* 1 करछी मलाई
* आधा कटोरी दूध
* 5 बादाम कटे हुए
* 2 चम्मच खरबूजे की गिरी
* 2 चम्मच चिरौंजी
* 1 कटोरी चीनी
* घी बनाने के लिए

विधि

1. मीठे पकौड़े बनाने के लिए सबसे पहले एक बर्तन में आटा, कटे हुए बादाम, गिरी, और चीनी डालकर अच्छी तरह से मिक्स करने के बाद मलाई डाल लें।
2. इसके बाद आम का गूदा मिक्सी में पीस कर डाल लें। अब थोड़े से दूध को आटे में डालकर सारे सामान को अच्छे से मिक्स करके अब देखें कि पेस्ट तैयार कैसा हुआ है। थोड़ा सा गाढ़ा हो पतला नहीं।
3. अब सोडा डाल कर अच्छे से फेंट कर रख लें।
4. एक कढ़ाई में घी डालकर गरम हो जाने पर अब हाथ से या चम्मच से छोटे-छोटे पकौड़े, पुड़े छोड़ें, एक बार में 6-8 डालें।

5. अब इन्हें उलट-पलट कर लाल रंग के सेक कर निकाल लें और गरम ही सर्व करें।

हो गए पके आम के मीठे पुड़े या पकौड़े तैयार। इन्हें आप चाय के साथ किसी भी समय सर्व करें।

5.9. साबूदाने का हलवा

सामग्री

* 1 ½ कटोरी (5 घंटे भीगा हुआ साबूदाना)
* 1 कटोरी चीनी
* ड्राईफ्रूट्स कटे हुए
* गोला कटा हुआ या कद्दूकस किया हुआ
* खाने का रंग यदि आप डालना चाहते हैं
* 2 करछी घी

विधि

1. साबूदाने का हलवा बनाने के लिए सबसे पहले एक कढ़ाई में 1 करछी घी, साबूदाना छाना हुआ डालकर पोनी से हल्की आंच पर चलाना है।
2. अब 3 मिनट बाद चीनी डालकर अच्छी तरह से मिक्स करके भूनना है।
3. जब चीनी खत्म होने वाली हो तो घी डालकर, कटे हुए ड्राईफ्रूट्स और गोला डालकर मिक्स करें।
4. इसके बाद 2 चम्मच पानी में 1 चुटकी रंग जो भिगोकर रखा है वो डालें और मिक्स करके गैस बंद कर के हलवा एक बर्तन में निकाल कर सर्व करें।

बन गया ब्रत का साबूदाने का हलवा। इसे आप किसी भी ब्रत में बना के और गरमा गरम सर्व करें।

5.10. ब्रेड और दूध की मिठाई रबड़ी वाली

सामग्री

- 5 ब्रेडपीस चौकोर या गोल कटे हुए (यदि गोल आकार के हैं तो किनारे पीस कर काम में लें)
- 500 ग्राम दूध (रबड़ी से कम गाढ़ा कर लें)
- ड्राईफ्रूट्स - बादाम, पिस्ता कटा हुआ
- ज़रा सा ताज़ा नारियल कद्दूकस किया हुआ
- एक कटोरी चीनी
- घी बनाने के लिए

विधि

1. इस मीठे को बनाने के लिए सबसे पहले एक कढ़ाई में घी डालकर अच्छी तरह से गरम हो जाने पर मीडियम आंच पर ब्रेडपीस जिस भी आकर में काटे हैं उन्हें लाल रंग का तलकर के रख लेंगें।
2. अब एक बर्तन में दूध हल्की आंच पर पकाते हुए, आधा हो जाने पर पिसी हुई ब्रेडपीस को डालकर मिक्स करें।
3. थोड़ा पक जाने पर अब चीनी को भी डालकर पका लें और जब दूध गाढ़ा हो जाये तो गैस बंद करके ठंडा होने पर एक चौड़े काच के बाउल मे पहले ब्रेडपीस लगा कर एक लेयर फिर, पका हुआ दूध आधा डालकर फिर बची ब्रेडपीस लगा कर फिर बचा हुआ सारा दूध डालकर अच्छी तरह से सब ब्रेडपीस भीग जाएं तो कटे हुए ड्राईफ्रूट्स और कसा नारियल डालें।
4. अब फ्रिज में 1 घंटे के लिए रख कर ठंडा होने पर सर्व करें।
5. यदि मिठाई ज्यादा गाढ़ी लगे तो थोड़ा ठंडा दूध और डाल सकते हैं। आप चाहें तो गरम भी सर्व करें।

बन गई ब्रेड और दूध की मिठाई! इसे किसी भी ओकेजन पर बना सकते हैं।

5.11. सूजी, बेसन और अंडे की मीठी मठरी

सामग्री

- 2 कटोरी सूजी
- 1 अंडा (बिना उबला)
- 1 कटोरी बेसन
- 2 कटोरी चीनी
- 2 चम्मच सफेद तिल
- तेल बनाने के लिए

विधि

1. इस क्रिस्पी मठरी को बनाने के लिए सबसे पहले एक परात में सूजी, फोड़ा हुआ अंडा मिक्स करें।
2. अब बेसन और चीनी (पीस कर) डालें और फिर से मिक्स करें, चीनी कम भी कर सकते हैं।
3. इसके बाद 1 करछी तेल, आधा चम्मच पिसी हुई इलायची पाउडर डालकर मिक्स करते हुए गूंथेंगे रोटी के आटे जैसा। यदि जरूरत लगे तो थोड़ा पानी लगा सकते हैं।
4. अब थोड़ा तेल लगा कर सूजी के आटे को 5-8 मिनट ढक कर रख लें।
5. 5-8 मिनट बाद फिरसे आटे को ठीक करके आटे की रोटी की लोई जैसी लोई तोड़कर रख लें।
6. इसके बाद एक लोई लेकर हथेली पर रख कर थोड़ा दबा कर टिक्की जैसी बना कर एक स्टील के कांटे से थोड़ा सा दबा कर निशान बनाकर रख लें। ऐसे ही सारी बना कर रख लें।
7. एक कढ़ाई में तेल डालकर अच्छी तरह से गरम हो जाने पर मीडियम आंच पर थोड़ी मठरी डालें, जितनी ठीक से बन जायें।

8. अब उलट पलट कर लाल क्रिस्पी सेक कर निकाल कर सर्व करें।

बन गई अंडे, बेसन, सूजी की मीठी मठरी। इसे आप चाय के साथ कभी भी सर्व कर सकते हैं। इन्हें कुछ दिन के लिए रख भी सकते हैं।

5.12. ताजे नारियल की बर्फी

सामग्री

* 1 कटोरी नारियल कद्दूकस किया हुआ (दबाकर भरना है)
* 1 कटोरी चीनी
* 3 कटोरी दूध
* थोड़ा सा घी थाली में लगाने के लिए

विधि

1. इस मिठाई को बनाने के लिए पहले एक कढ़ाई में दूध और कद्दूकस किया ताजा नारियल डाल कर पकने रख दें।
2. उबाल आने पर मीडियम आंच पर पकने दें और बीच-बीच में चलाते रहें। जिससे लगे नहीं।
3. जब दूध और नारियल पक कर आधा रह जाये तो अब चीनी को भी डाल कर मिक्स करके चलाएं।
4. नारियल पेस्ट बहुत गाढ़ा होने लगे और चिकना लगने लगे तो गैस बंद करके इस पेस्ट को घी लगी थाली में डालकर पटक कर फैलाएं और पोनी से ठीक करके अब 10 से 15 मिनट रख कर ठंडा होने पर चाकू से निशान बना लें।
5. अब चांदी का वर्क लगाकर इस नारियल बर्फी को चाकू की मदद से निकाल कर बर्तन में रख लें।

ये नारियल बर्फी कई दिन चल जाती है, फ्रिज में ठंडी करके भी खा सकते हैं। इसे आप किसी भी ब्रत में सर्व कर सकते हैं।

5.13. नारियल और पान के लड्डू

सामग्री

* 1 ताज़ा नारियल (बिन पानी) कद्दूकस और मिक्सी में पिसा हुआ
* 1 कटोरी दूध
* 1 कटोरी पिसी चीनी
* आधी कटोरी मिल्क पाउडर
* 2 छोटी इलायची पाउडर
* 8 बादाम कटे हुए
* 5 पान के पत्ते
* 1 चम्मच गुलकंद
* थोड़ा सा घी हाथों पर लगाने केलिए
* दो बूंद हरा रंग (खाने वाला)

विधि

1. सबसे पहले आधा कटोरी दूध में मिल्क पाउडर घोल कर रख लें, गांठ ना पड़े।
2. अब आधा कटोरी नारियल में आधा कटोरी दूध, गुलकंद, पान काट करके मिक्सर जार में डालकर दलिये की तरह दरदरा पीस कर रख लें।
3. लड्डू बनाने के लिए एक कढ़ाई में 1 चम्मच घी, पिसा हुआ 1 ½ कटोरी नारियल डालकर हल्की आंच पर 3 मिनट भूनें।
4. यदि गीला लगे तो और थोड़ा भून कर अब पिसा हुआ पान, नारियल आदि सब डालकर मीडियम आंच पर भूनें।
5. इसके बाद मिल्क पाउडर, दूध, चीनी भी डालकर मिक्स करें और चलाते हुए पका लें।
6. बिलकुल सूखा हो जाने पर एक बर्तन में निकालकर खाने का रंग और कटे हुए बादाम भी डालें।

7. जब गुनगुना हो तो हाथों पर थोड़ा घी लगाकर थोड़ा नारियल लेकर दोनों हाथों से लड्डू बना कर रख लें।
8. अब एक प्लेट में गोले का बुरादा लेकर सारे लड्डू एक-एक करके उसमें घुमाकर बर्तन में रख लें।

बन गए नारियल के लड्डू। इन्हें आप कभी भी सर्व कर सकते हैं। व्रत में भी।

5.14. फ्राईड मोदक का प्रसाद

सामग्री

- 2 कटोरी मैदा
- 1 चम्मच सूजी
- 1 करछी पिघला घी मोमन के लिए
- आधी कटोरी मिक्स कटे हुए ड्राईफ्रूट
- आधी कटोरी ताज़ा नारियल कद्दूकस किया हुआ या सूखा गोला भी डाल सकते हैं
- घी बनाने के लिए
- 1 कटोरी पिसी चीनी
- 1 करछी हल्की भुनी हुई सूजी
- 2 चम्मच भुना मावा
- 2 चुटकी इलायची पाउडर

विधि

1. गणपति बप्पा का मोदक का प्रसाद बनाने के लिए सबसे पहले एक परात में मैदा और 1 चम्मच सूजी डालकर मिक्स करें।
2. अब मोमन का घी डालकर फिर से अच्छी तरह से मिक्स करें।
3. इसके बाद अब मैदे को थोड़ा पानी डालकर रोटी के आटे से थोड़ा कड़ा गूंथें और इसे एक साफ़ पन्नी में बन्द करके 10 मिनट केलिए रख दें।
4. अब मोदक की स्टफिंग तैयार करके रख लें। इसके लिए एक बर्तन में भुनी सूजी, मावा डालकर अच्छी तरह से रगड़ कर मिक्स करें। (ये सब ठंडा हो।)
5. इसके बाद चीनी और कटे हुए ड्राईफ्रूट और कद्दूकस किया हुआ नारियल डालकर मिक्स कर लें।
6. मोदक बनाने के लिए मैदे को पन्नी से निकाल कर फिर से ठीक करके अब पूरी की लोई जितनी छोटी-छोटी लोई सारे आटे की बना कर रख लें। साथ ही एक कटोरी में 2 चम्मच मैदे का गाढ़ा घोल बना कर रख लें।

7. अब एक लोई को चकले पर पूरी जैसा बेलना है और इसमें बीचोंबीच एक चम्मच से स्टफिंग (2 चम्मच) रख कर चारों तरफ मैदे का घोल थोड़ा सा लगा कर, पूरी को चारों तरफ़ से उठाकर धीरे से पोटली के शेप में पैक करके बना लें।

8. जिस प्लेट में बनाकर रखने हैं उसमें थोड़ा घी का हाथ लगा लें जिससे मोदक चिपके नहीं। ऐसे ही सारे मोदक बना कर रख लेंगें।

9. अब एक कढ़ाई में घी डालकर अच्छी तरह से गरम हो जाने पर मीडियम आंच पर थोड़े-थोड़े मोदक कढ़ाई में डालकर पलट कर क्रिस्पी लाल तल कर रख लें। ये मोदक कई दिन चल सकते हैं।

बन गया मोदक का प्रसाद। इसे गरम या ठंडा सर्व कर सकते हैं।

5.15. ब्रत के लिए आसानी से बनने वाला आलू का हलवा

सामग्री

- 4 आलू उबले और कद्दूकस किए हुए
- 1 कटोरी चीनी पिसी हुई यदि मोटी चीनी हो, कटोरी मीडियम लें
- 1 करछी देसी घी
- थोड़े से ड्राईफ्रूट कटे हुए जो डालने हों
- थोड़ी सी केसर (पहले ही 2 चम्मच तेज गरम दूध में भिगो लें।

विधि

1. आलू का हलवा बनाने के लिए सबसे पहले एक कढ़ाई में घी और चीनी डालकर हल्की आंच पर अच्छी तरह से मिक्स करें।
2. अब आलू कद्दूकस किया हुआ डालकर मिक्स करते हुए चलाना है।
3. गैस को बिल्कुल हल्की से थोड़ा ज्यादा करके हलुए को बराबर चलाते हुए करीब तीन-चार मिनट भूनें।
4. जब सारा मिक्स होकर कढ़ाई में चिकने सा लगे तो भीगी हुई केसर डालकर मिक्स करें और जब इकट्ठा होने लगे तो गैस बंद करके इसमें कटे हुए ड्राईफ्रूट डालकर गरम ही सर्व करें। नारियल कद्दूकस किया हुआ डाल सकते हैं।

बन गया ब्रत के लिए जल्दी से बनने वाला आलू का हलवा। इसे आप किसी भी ब्रत में खा सकते हैं।

www.ingramcontent.com/pod-product-compliance
Ingram Content Group UK Ltd.
Pitfield, Milton Keynes, MK11 3LW, UK
UKHW060006051026
15591UKWH00001B/76
9798892778756